KB179059

루터가 들려주는

죄와 용서 이야기

루터가 들려주는
죄와 용서 이야기

ⓒ 오채환, 2008

초판 1쇄 발행일 2008년 12월 26일
초판 9쇄 발행일 2019년 4월 19일

지은이   오채환
그림   김주희
펴낸이   정은영

출판등록 2001년 11월 28일 제2001-000259호
주소   04047 서울시 마포구 양화로6길 49
전화   편집부 (02)324-2347 경영지원부 (02)325-6047
팩스   편집부 (02)324-2348 경영지원부 (02)2648-1311
e-mail   jamoteen@jamobook.com

ISBN 978-89-544-0838-7 (64100)

루터가 들려주는

죄와 용서 이야기

오채환 지음

㈜자음과모음

책머리에

　어릴 적에 투명인간이 되길 바란 적이 있습니다. 투명인간이 되면 악당을 물리치기도 하고 남몰래 선행을 베풀 수 있겠다는 생각이 들어서였지요. 하지만 지금은 투명인간이 될 수 없음을 천만다행으로 여깁니다. 다른 사람에게 보이지 않는 상태에서는 개인의 의지와 다르게 오히려 죄를 더 많이 저지르게 된다는 인간 본성을 깨달았기 때문입니다.

　인간이 살면서 죄를 짓는 다는 것은 부정할 수는 없는 사실입니다. 그렇기 때문에 '죄'는 일상적으로 널리 쓰이는 단어입니다. 이를테면 사람들은 원인 모를 불행이 닥치면 억울해 하면서 '도대체 내가 무슨 죄를 졌기에!' 라고 한탄합니다. 이처럼 죄는 벌과 짝을 이루는 경향이 있습니다. 그래서 죄와 벌은 마치 필연적인 인과응보의 관계인 것처럼 인식되지요. 그 바람에 몇 가지 편견을 낳았습니다.

　첫째, 죄는 벌과 일 대 일 대응 관계인 것처럼 보입니다. 그렇지만 그런 좁은 의미의 죄는 법에서 말하는 죄일 뿐입니다. 법이 정한 죗값으로 징벌을 치렀다고 해도 우리는 죄로부터 완전히 자유로울 수 없습니다. 그 죄가 기록으로 남는 경우에는 더욱 그렇습니다.

둘째, 죄와 벌의 연관성은 사람들로부터 '죄 없는 시련'이나 '벌 받지 않는 죄'에 대한 생각을 가로막는 경향이 있습니다. 그래서 죄로부터 자유로워지는 방법인 용서와 구원의 개념에 대해 제대로 받아들이지 못하게 합니다. '죄'라는 단어가 일상적으로 널리 쓰이기는 하지만 이것은 기독교에서 발생한 용어입니다. 따라서 죄sin로부터 자유로워지는 방법 또한 종교적일 수밖에 없습니다. 신앙인이 아니더라도 종교에 관심을 가져야 할 이유가 바로 여기에 있습니다.

셋째, 위와 같은 편견의 영향으로 잘못된 속죄의 방법을 행하는 사람들이 있습니다. 이를테면 도덕적인 죄를 짓고 그것에 응당하는 징벌로 선행을 베푸는 사람들이 있습니다. 물론 어떤 선행이든지 간에 선행을 베푼다는 것은 옳은 일입니다. 하지만 그것이 지은 죄로부터 완전히 자유로워지는 방법은 아닙니다. 이런 편견은 오랫동안 기독교 내부에 있었던 논란으로 그것을 반증한다고 말할 수 있습니다.

종교개혁을 이끈 역사적 인물로 널리 알려진 루터는 위와 같은 편견을 바로잡기 위해 노력한 대표적인 신학자이자 교육자입니다. 젊은 시절에 알게 된 '죄 없는 시련'의 공포에서 벗어나기 위해 전공하던 법학을 포기하고 수도자가 된 그는 죄에 대해 평생 연구하고 그 깨달음을 실천했습니다. 그리하여 그가 얻은 결론은 오늘날 기독교 신학의 토대인 '오직 믿음으로 구원을 얻는다'라는 격률에 담겨 있습니다. 이것은 기독교의 격률이지만 우리가 편협한 사고에서 벗어난다면 죄에 관련한 루터의 철학을 배울 수 있는 문구입니다.

이 책이 여러분에게 루터의 사상을 알려 줄 수 있다면 더할 나위 없이 감사한 일입니다.

2008년 12월

오채환

C O N T E N T S

프롤로그

"두껍아 두껍아~ 헌 집 줄게 새 집 다오~ 두껍아 두껍아~ 헌 집 줄게 새 집 다오~."

"두껍아 두껍아~ 헌 집 줄게 새 집 다오~ 두껍아 두껍아~ 헌 집 줄게 새 집 다오~."

모래가 가득 쌓인 놀이터에 세 꼬마가 쭈그리고 앉아 있었습니다. 무엇이 그렇게 즐거운지 연신 콧노래를 부르면서 손등에 올린 흙을 토닥거렸습니다. 일곱 살 정도 되어 보이는 꼬마들은 자신의 두꺼비집이 무너지지 않게 하기 위해 이리저리 눈대중으로 맞춰 보았습니다.

"아얏!"

정신없이 흙을 만지던 남자아이와 여자아이의 머리가 부딪혔습니다. 금세 여자아이의 눈에 눈물이 그렁그렁 맺혔습니다. 남자아이는 미안한 마음에 어찌할 바를 몰라 두꺼비집에 넣고 있던 손을 빼서 여자아이의 이마를 어루만졌습니다. 두꺼비집은 그대로 내려앉았지만 남자아이는 개의치 않았습니다.

"미안."

남자아이는 겨우 미안하다는 말을 꺼냈습니다. 여자아이는 앞머리에 묻은 흙을 털어 내며 말했습니다.

"괜찮아. 근데 네가 만든 두꺼비집이 무너졌어. 큰일 났다. 두꺼비가 용태네 집을 못 찾겠네. 히히."

여자아이는 자신의 이마에 난 혹보다 용태가 만든 두꺼비집이 무너진 것을 더 아쉬워했습니다. 그 때 다른 아이, 정혁이는 두꺼비집을 다 완성했습니다.

"와! 나 다 만들었어. 튼튼해! 비가 와도 무너지지 않을 거야."

"좋겠다. 에휴."

용태는 무너진 자신의 두꺼비집을 바라보면서 한숨을 쉬었습니다. 정혁이는 용태를 한 번 바라보고 든든한 미소를 지으면서 말했습니다.

"용태야, 이 두꺼비집 너 줄게."

"어? 이거 네가 만든 거잖아."

"뭐 너랑 나랑 같이 산다고 하면 되지. 그럼 두꺼비도 두 마리나 들어올 거야. 히히! 김효진, 너 들었지? 이 집은 나랑 용태가 지은 거야! 그러니까 넌 들어오면 안 돼. 내가 지어서 용태한테 선물한 거나 마찬가지니까. 알았지?"

"흥! 별꼴이야."

정혁이가 으스대면서 말하자 효진이는 콧방귀를 꼈습니다. 용태는 든든한 친구를 둔 것 같아 기분이 정말 좋았습니다. 또래보다 몸집이 큰 정혁이 덕에 용태는 놀이터에서 마음껏 놀 수 있었습니다. 정혁이와 달리 몸집이 작은 용태는 든든한 정혁이와 항상 함께 다녔습니다. 용태는 어른이 되면 효진이와 결혼하고 싶지만, 결혼하기 전까지는 정혁이가 항상 자신의 옆에 있었으면 좋겠다고 생각했습니다.

"정혁아. 고마워."

"고맙긴."

용태는 정혁이가 너무 고마워서 자신이 아끼는 모형 자동차라도 주고 싶었습니다. 정혁이는 용태의 어깨에 손을 올리고 어깨동무를 했습니다. 그런데 갑자기 정혁이가 팔에 힘을 꽉 주었습니다. 용태의 목과 어깨는 으스러질 것처럼 아팠습니다.

"으으. 왜 이래."

용태의 목은 너무 꽉 조여서 목소리도 제대로 나오지 않았습니다. 어느새 정혁이의 검은 그림자가 용태를 둘러싸고 있었습니다. 여전히 용태는 말을 할 수 없었고, 정혁이를 밀어내려고 했지만 꿈쩍도 하지 않았습니다.

'숨을 못 쉬겠어.'

어느새 용태의 얼굴은 새파랗다 못해 하얗게 질려 있었습니다. 용태는 겨우 옆으로 눈을 돌려 효진이를 쳐다보았습니다. 그런데 이게 어찌 된 일인지 효진이는 그 자리에 없었습니다. 세 친구가 함께 만들었던 두꺼비집은 흔적도 없이 무너졌고, 효진이의 흔적도 찾아볼 수 없었습니다. 용태는 효진이가 무서워서 도망간 거라고 생각했습니다.

'제발, 효진아! 우리 엄마 좀 불러 줘.'

용태는 계속 외쳤습니다. 누군가 달려와서 빨리 이 순간을 벗어날 수 있도록 도와줬으면 좋겠다는 생각뿐이었습니다. 용태는 항상 자신을 도와주던 정혁이의 변한 모습을 보고 무척 놀랐습니다. 하지만 정혁이가 왜 그랬는지 생각할 겨를이 없었습니다. 정혁이가 너무 무서웠기 때문에 이곳에서 빨리 벗어나고 싶었습니다. 용태는 팔과 다리를 뻗어서 있는 힘껏 정혁이를 밀어내려고 했습니다.

'으윽.'

"용태야, 용태야! 얘!"

"……."

"애가 무슨 험한 꿈을 꾸었기에 이러는 거야?"

잠에서 깬 용태의 몸은 땀으로 흠뻑 젖어 있었습니다. 밤새 얼마나 뒤척였는지 온몸이 쑤셨습니다. 엄마는 용태의 침대 머리맡에 앉아서 용태의 땀을 닦아 주었습니다. 용태는 일곱 살 꼬마가 아니었습니다. 엄마 앞에 누워 있는 용태는 열두 살 소년이었습니다.

"용태야, 요즘 무슨 일 있니? 이렇게 악몽을 꾼 게 벌써 몇 번째야? 방에 불이 켜져 있어서 들어왔더니 표정이 안 좋더구나. 그리고 불은 왜 켜 놓고 자니?"

"아무 일 없어요. 시험 준비를 하느라 피곤해서 그런가 봐요."

"그래, 알았어. 보약이라도 지어 먹어야지. 원, 저렇게 약해서 어떡하니. 엄마랑 내일 한의원에 한번 가 볼래?"

"약 먹는 건 싫어요. 참, 내일 학원에서 문제집 사 오랬는데 가격을 잊어 버렸어요. 오천 원이면 될 것 같은데 오천 원만 주세요."

"애는 자다 말고 문제집 타령이야. 학원은 무슨 문제집을 그렇게 빨리 푸니? 벌써 몇 권째야. 너, 문제집 값 받아서 이상한 데 쓰고, 놀러 다니는 거 아니지?"

"엄마! 학원에 전화해 보세요."

"알았어. 엄마한테 소리 지르기는……. 아침에 식탁 위에 올려놓을

게. 내일 챙겨 가. 어서 자라."

"네. 엄마도 안녕히 주무세요."

엄마는 불을 끈 후 조용히 방문을 닫고 나갔습니다. 온몸에 힘이 풀린 용태는 침대에 누웠습니다. 오늘 밤에도 제대로 잠을 이루지 못할 것 같습니다.

모든 인간은 죄를 짓고 산다

 그리스도의 말씀에 대한 믿음만이 사람을 의롭게 하며
가치 있게 하여 성사를 제대로 준비시킨다.

— 마르틴 루터

1 내 가슴에 든 멍

아침에 겨우 눈을 떴어요. 어제도 밤새 뒤척여서 제대로 자지 못했거든요. 힘들게 침대에서 일어나 책상 옆에 걸려 있는 거울을 보았어요. 어제보다 더 헬쑥해진 내 모습이 보였어요. 이러다가 나의 작은 키는 더 이상 자라지 않을 것 같고, 살도 더 빠질 것 같았어요.

거실로 나가자 아빠는 신문을 보면서 아침을 먹고 있었고, 엄마는 국을 뜨고 있었어요.

"안녕히 주무셨어요."

"그래."

반쯤 감긴 눈으로 인사를 하고 욕실로 들어갔어요. 양치를 하고 세수를 하는데 갑자기 학교에 가기 싫다는 생각이 들었어요. 얼굴을 몇 번이나 다시 씻었죠. 그리고 잇몸에서 피가 날 정도로 세게 양치를 했어요. 이렇게 학교로 가야 한다고 생각하니 소름이 돋았어요. 지금 세수를 하고 있는 이 순간에도 정혁이는 내 목을 단단히 조르는 것 같았거든요.

"용태야, 뭐해? 국 식겠다. 빨리 나와!"

엄마의 쩌렁쩌렁한 목소리가 들렸어요.

"네."

다시 정신을 차리고 거실로 나왔어요. 아빠는 여전히 신문을 보면서 식사를 하고 있었어요. 재미있는 기사라도 났는지 뚫어져라 한 면만 보고 있었어요. 나는 아빠를 한 번 쳐다보고는 밥을 먹었어요. 그 때 아빠가 엄마에게 신문을 내밀며 말했어요.

"여보, 여기 있는 서울시 행복동 H초등학교 말이야. 이거 희망초등학교 아니야? 학교 사진도 희망초등학교 같고, 이니셜도 똑같잖아."

"어디 어디? 어머 진짜 그러네. 어머나, 요새 애들 무섭다, 무서워. 애, 용태야. 여기 너희 학교 기사 아니니? 너 이런 애들 알아?"

엄마는 신문을 불쑥 나에게 내밀었어요. 아침마다 아빠가 보는 신문에는 별 관심이 없었는데, 그날 아침에는 사회면에 크게 실린 기사를 천천히 읽어 보았어요.

초등 범죄, 세 살 폭력 여든까지 가려나

서울시 행복동 H초등학교의 학생 10여 명이 상습적으로 주변 학우에게 폭력을 가한 사실이 드러났다. 이들은 H초등학교 5~6 학년에 재학 중인 학생들로, 몰려다니면서 돈을 빼앗고 심지어 돌아가면서 피해자를 공격한 것으로 알려져 더 큰 충격을 주고 있다. 현재 H초등학교 관계자는 모든 사실을 부인하고 있지만 피해자의 학부모는 학교측과 가해자 부모에게 진실을 밝힐 것을 요구하고 있다. 그동안 폭력 사실을 알면서도 수수방관해 온 H초등학교 역시 이번 사건이 밝혀진 이상 다른 학부모와 사건 관계자에게 곧 입장을 밝혀야 할 처지다.

가슴이 철렁 내려앉았어요. 부모님들은 모르지만 우리 학교 학생들 사이에서는 꽤 알려져 있는 사실이에요. 이 아이들에게 돈을 빼앗기지 않은 애들이 없을 정도니까요. 돈이 없다고 하는 애들은 많이 맞기도 했어요. 나는, 나는…….

"전 모르겠는데요? 아빠, 이거 우리 학교 사진은 아닌 거 같아요. 우리 학교에 이런 화단은 없는데……."

나는 아무렇지 않은 척 밥을 꼭꼭 씹으면서 대답했어요.

"그래? 몰래 촬영한 사진이라서 좀 흐리긴 해. 아이고, 난 이제 출근합니다."

아빠는 물 한 컵을 쭉 들이키더니 양복 웃옷을 입으면서 나갔어요. 엄마는 현관문을 잠그고 식탁에 앉았어요.

"너 진짜 몰라?"

엄마가 갑자기 의심의 눈초리로 물었어요. 나는 애써 태연한 척하면서 잘 넘어가지 않는 밥을 억지로 삼켰어요.

"치, 아니라는데 엄마는 왜 그래! 이 기사 이상한 거 아니야? 하긴, 진짜로 우리 학교에 이런 일이 일어났다고 해도 난 모르는 일이니까 상관없잖아."

"어머! 얘는 뭐가 상관이 없어? 앞으로 무슨 일이 일어날 줄 알아서 그래? 너 혹시 엄마한테 뭐 숨기는 건 없지?"

"없어요. 엄마 나 늦겠다. 아! 나 문제집 값!"

"여기 식탁에 올려놓는다고 했잖아. 여기 있어."

엄마는 오천 원짜리 한 장을 건네주었어요. 혹시나 엄마가 오천 원이 필요한 이유를 다시 물을까 봐 용태는 잽싸게 방으로 들어갔어요. 문제집을 산다는 핑계를 둘러대긴 했지만 이번 달만 벌써 두 번째예요. 오늘 아침에 신문까지 봤으니 엄마가 더 의심할 수도 있을 것 같았어요.

"서용태! 남는 돈은 꼭 엄마 줘야 해. 너 저번에도 안 줬어."

방에서 옷을 갈아입고 있는데 엄마의 목소리가 들렸어요.

'엄마, 남는 돈은 없을 거예요.'

옷을 갈아입는데 팔뚝에 난 시퍼런 멍이 눈에 띄었어요. 그 뿐이 아니에요. 가슴 아래에도 시퍼런 멍이 있었죠. 옷을 올려서 상처 난 곳을 다시 보았어요. 멍이니까 언젠가는 사라지겠죠.

"너 빨리 학교 안 가?"

엄마가 갑자기 방문을 확 열고 들어왔어요. 나는 깜짝 놀라 가슴까지 올렸던 옷을 후다닥 내렸어요.

'혹시 엄마가 봤을까? 안 되는데……'

엄마가 가슴 아래에 있는 멍을 봤을까 봐 노심초사했어요. 어디

시 생긴 멍이냐고 물어볼 텐데 적당한 말이 생각나지 않았어요. 뭐라고 말할지 한참 고민하고 있는데 엄마가 피식 웃으면서 밀했어요.

"엄마 앞에서도 부끄럽니? 이 배 한 번 보여주는 게 그렇게 부끄러워? 빨리 학교나 가."

엄마는 내가 속살을 들킨 것이 부끄러워서 후다닥 옷을 내린 줄 알았나 봐요. 그리고 내 배를 살짝 때리고 나갔어요. 엄마는 살짝 쳤지만 나는 살짝 아픈 것이 아니었어요. 멍이 있는 가슴 아래까지 엄마 손의 진동이 느껴지는 것 같았어요.

사실 가슴에 생긴 멍은 열흘 전에 생겼어요. 신문에 실린 대로 폭력을 일삼는 학생들 때문이지요.

그날, 학교를 마치고 곧장 학원으로 향했어요. 학교에서 청소를 하고 가느라 학원 차를 놓치고 지름길로 걸어가는데, 웬 무리의 학생들이 골목에 모여 있었어요. 그 아이들은 벌써 한 친구를 에워싸고 괴롭히고 있는 중이었어요. 나는 가방을 꼭 잡고 조용히 그 옆을 지나가려고 했어요. 그 때 누군가 내 어깨를 꼭 잡는 거예요. 너무 놀라서 온몸이 사시나무 떨듯이 떨렸어요. 어깨를 잡은 녀석은 내 꼴이 우스웠던지 킥킥대면서 다른 아이들에게 말했어요.

"야, 이 자식 좀 봐. 내가 잡아먹을 줄 아나 봐. 이거 떨고 있는 것 좀 봐라. 너 몇 학년이야? 보아하니 한 3학년은 되어 보이는데?"

그 녀석은 내 작은 키를 보고 3학년이라고 생각했나 봐요. 난 항상 또래에 비해 유난히 작았기 때문에 그 녀석의 말이 기분 나쁘지는 않았어요. 그 대신 내 의지와 상관없이 떨리는 몸과 고개를 숙이고 땅만 바라보는 내 자신이 한심하게 느껴졌어요. 나는 아무 말도 하지 않고 가만히 있었어요. 방금 전까지 무리의 아이들에게 둘러싸여 있던 아이가 맞는 소리가 들렸어요. 정의감? 카리스마? 그런 것은 생각할 겨를이 없었어요. 그저 나만이라도 여기서 벗어났으면 하는 바람뿐이었죠.

"야 인마, 너 몇 살이야?"

"……"

그 녀석은 아무 대답도 하지 않는 나에게 계속 나이를 물었어요. 나는 입을 꼭 다물고 말하지 않았어요. 이 아이들과 말을 섞는다는 것도 싫었고, 어리고 약해 보이는 내 자신도 싫었어요. 그 때 누군가가 말했어요.

"그냥 놔둬. 쟤 우리랑 같은 학년이야."

"엥? 정말? 그렇다고 그냥 보내는 건 아니지. 야! 친구야, 너 돈 좀 있냐? 우리가 피씨방을 가야 하거든."

친구? 참 웃기는 소리예요. 껄렁껄렁하게 말하는 그 녀석이 보기 싫었지만 나는 아무 말도 할 수 없었어요. 그런데 누가 나를 아는 걸까요? 나는 무거운 고개를 살짝 들어서 아이들을 힐끔 쳐다보았어요.

'역시 너구나.'

정혁이었어요. 내 친구였던 정혁이. 항상 내 옆에서 든든하게 나를 지켜 줬는데 지금은 너무 멀리 떠나 있죠. 유치원 때부터 3학년 때까지 줄곧 같이 다녔는데 4학년 여름방학이 지나고 나서 갑자기 정혁이가 변했어요. 반이 달라도 항상 같이 다녔는데 언젠가부터 서로 모르는 척하는 어색한 사이가 되었어요. 5학년이 되어서는 정혁이가 나쁜 친구들과 어울린다는 소문을 들었어요. 그리고 그날 나는 소문의 실체를 보았어요. 그때 정혁이를 똑바로 쳐다보았지만 정혁이는 나를 보지 않았어요. 나를 잡고 있던 녀석이 계속 말했어요.

"야, 너 돈 좀 있냐고!"

"……"

"뒤졌는데 돈 나오면 나한테 죽는 줄 알아!"

내가 아무 대답을 하지 않자 그 녀석은 열이 받은 모양이었어요. 내 바지 호주머니에 손을 넣어서 아무 것도 나오지 않자 가방을 빼앗아서 뒤졌어요. 가방 안주머니에는 일주일치 용돈이 들어 있었는데 녀석이 그 돈을 발견했어요.

"여기 있네. 넌 죽었어."

그 녀석은 내 가슴과 팔에 멍을 만들었어요. 나는 울지 않았어요. 정혁이 앞에서 맞으며 우는 것이 너무 부끄러워서 꾹 참았어요. 내가 맞고 있을 때 정혁이는 나를 보지 않았어요. 다른 친구들과 히죽대면서 재밌는 이야기라도 하고 있는 것 같았죠. 내가 맞고 있을 때 나의 친구였던 정혁이는 웃고 있었어요. 나는 지금도 그 웃음이 잊혀지지 않아요.

2 어수선한 학교

학교 정문에는 항상 노란 조끼를 입은 아주머니들이 '교통질서'라고 적힌 노란 깃발을 들고 횡단보도 앞에 서 있어요. 그런데 오늘은 그 아주머니들이 보이지 않았어요. 혹시 내가 지각을 했을까 봐 시계를 보았지만 아직 등교 시간 15분 전인 걸요.

학교를 막 들어서는데 아주머니와 아저씨들이 중앙 현관에 우르르 몰려서 소리를 지르고 있었어요. 그 사이로 교감 선생님이 난감한 표정을 지으면서 고개를 숙이고 있었어요. 별 신경 쓰지 않고 교실로 올라갔는데, 복도에서도 아이들끼리 삼삼오오 모여서 이야기를 하고 있었어요.

"너 오늘 아침에 뉴스 봤어?"

"아침부터 뉴스를 왜 보니? 일어나기 바빠."

"으이구, 그럼 우리 학교 사건을 아직 모른단 말이야?"

"뭐?"

"결국 정혁이 무리가 경찰서에 잡혀 갔대."

"헉! 정말? 어떻게 어떻게?"

"누구를 때렸는데 맞은 아이가 경찰에 신고하는 바람에……. 그래서 우리 학교가 폭력 사건이 난 학교로 뉴스에 나왔잖아. 신문에도 나고. 아침에 우리 엄마가 뉴스 보고 얼마나 놀랐는데. 엄마가 꼬치꼬치 캐묻는데 대답할 수가 없더라. 괜히 나한테 뭐라고 할까 봐 말이지."

"그랬구나."

"솔직히 마정혁네 무리는 걸릴 만도 하지. 오죽 나쁜 짓을 많이 하고 다녔냐? 이번 기회에 걔네들은 아주 그냥 모두 사라져 버려야 해."

"그럼 이제 걔네들은 어떻게 되는 거야?"

"내가 아니? 이제 선생님, 부모님들도 다 알았으니 퇴학을 당하거나 어떻게든 되겠지."

정혁이 이름이 계속 거슬리긴 했지만 나는 신경 쓰지 않는 척하며 교실로 들어왔어요. 교실 앞에서 다른 아이들과 떠들고 있던 짝꿍 민성이가 나에게 와서 말했어요.

"용태야, 너 그거 들었어?"

"뭐?"

"5학년 1반에 정혁이랑 2반에 근철이가 어제 경찰서에 갔었대. 7반에 민승용 알지? 걔를 한 시간 동안이나 때렸대."

민승용. 5학년 7반 부반장. 정혁이 눈에 가시 같은 존재예요. 민승용과 같은 반이 된 적은 없지만 다른 친구들 말로는 모두들 싫어하는 아이래요. 민승용은 부잣집 외아들이에요. 그래서 그런지 가정 형편이 좋지 못한 친구들을 무시한다고 들었어요. 정혁이는 민승용 같은 아이를 제일 싫어했어요. 정혁이에게 한 시간이나 맞았다면 민승용의 부모님이 가만히 있지 않았을 거예요. 정혁이는 도대체 무슨 생각으로 민승용을 그렇게 심하게 때린 걸까요?

"왜 그렇게 때렸대?"

"그건 모르지. 다른 애가 때렸으면 몰라도 정혁이 무리들이 때린 건데 누가 이유를 궁금해 히겠냐? 이제 민승용 부모님이 교장 선생님 찾아가고, 경찰서 가고 난리 났었대. 그래서 신문에 기사 나고, 뉴스에도 나오고 그랬잖아. 솔직히 우리 학교에서 걔네한테 돈 안 빼앗긴 애가 어디 있냐? 나는 안 맞은 것만으로도 다행이라고 생각해. 진짜 그런 애들은 어디로 다 보내 버렸으면 좋겠어."

민성이는 한 달 전에 정혁이네 무리에게 빼앗긴 돈을 생각하니 화가 나는지 점점 목소리가 커졌어요. 나도 정혁이가 밉긴 했지만 걱정이 되어서 민성이에게 물었어요.

"정혁이네 무리는 어떻게 되는 거야? 경찰서까지 갔으면 민승용 때린 거 말고 지금까지 나쁜 짓하고 다닌 거 다 드러났을 거 아니야."

"소년원이라도 가지 않을까?"

"소년원?"

나는 소년원이란 말에 깜짝 놀랐어요. 소년원은 교도소에 가지 못하는 미성년자가 죄를 지었을 때 가는 곳이라고 들었는데……. 정혁이는 정말 그곳에 가는 걸까요?

"죄를 지었으면 벌을 받는 게 당연해. 정혁이랑 네가 어렸을 때부터 친해서 이렇게 얘기하면 서운할지도 모르겠지만 그래도 정혁이가 잘못을 했잖아."

"그렇지."

"근데 넌 왜 네 친구를 나쁜 길로 빠지게 가만히 놔뒀어? 나쁜 애들이랑 어울릴 때 말렸어야지."

민성이가 내 머릿속을 훤히 들여다보고 있는 것 같았어요. 지금까지 애써 아무렇지 않은 척했는데……

4학년 여름방학 때였어요. 나와 정혁이는 가장 친한 친구였기 때문에 방학 때도 항상 붙어 다녔어요. 학원까지 같이 다니면서 우리의 우정을 과시했지요. 그런데 어느 날부터 정혁이가 학원에 나오지 않았어요. 뒤늦게 안 사실이지만 정혁이의 어머니가 아버지의 폭력을 견디다 못해 집을 나갔다고 해요.

어렸을 때 본 정혁이 어머니는 항상 따뜻한 분이었어요. 집에 놀러 가면 내가 좋아하는 떡볶이를 만들어 주었고, 달걀까지 삶아서 큰 달걀을 내 접시에 담아 주기도 했죠. 어느 날은 정혁이 어머니가 떡볶이가 놓인 조그만 밥상을 들고 방으로 들어왔어요. 정혁이와 나는 기쁜 마음에 포크로 떡을 꾹 눌렀어요. 그런데 갑자기 조그만 밥상이 바닥으로 푹 내려앉는 거예요. 떡볶이 접시는 뒤집

쳐서 무릎 위로 쏟아졌고, 달걀국은 방바닥에 작은 강을 만들었어
요. 밥상이 부서진 소리에 정혁이 어머니가 놀라서 들어왔어요.
정혁이는 빨개진 얼굴로 바닥에 흥건한 달걀 국물을 쳐다보고 있
었어요. 부서진 밥상을 보니 상다리 두 개가 테이프로 칭칭 감겨
있었어요.

"저거 우리 아빠가 술 먹다가 상을 집어던져서 그래. 엄마가 테
이프로 붙였는데, 약한가 봐."

정혁이는 내 청바지에 묻은 고추장 양념을 닦아 주면서 힘없는
목소리로 말했어요.

그때는 잘 몰랐는데 지금 생각해 보면 정혁이 아버지는 가정 폭
력을 일삼는 가장이었던 것 같아요. 정혁이는 나에게 이런 말을
자주 했어요.

"난 빨리 컸으면 좋겠어."

"넌 지금도 커."

"아니, 어른이 됐으면 좋겠다고. 키도 더 크고 어깨도 더 넓어졌
으면 좋겠어. 말이 안 되는 얘기지만 아빠보다 나이가 더 많아졌
으면 좋겠어. 그리고 아빠보다 더 힘이 셌으면 좋겠어. 그래서 아
빠가 무슨 일을 하든지 내가 막을 수 있었으면 좋겠어."

정혁이는 자신과 어머니에게 폭력을 휘두르는 아버지를 힘으로 막고 싶었던 모양이에요. 아버지가 어머니를 때리려고 할 때 정혁이는 당당히 맞서고 싶었던 거이지요.

4학년 여름방학 때 정혁이 어머니는 12년 동안 참았던 증오와 분노를 더 이상 참지 못하고 집을 나갔어요. 그리고 그 증오와 분노는 고스란히 정혁이의 몫이 되었고, 정혁이의 증오와 분노는 2배, 3배로 커져 갔어요. 변해 버린 정혁이를 학교 친구들과 선생님은 감당할 수가 없었어요. 그리고 정혁이는 더 이상 내 친구가 되지 못했고, 우리는 서로에게 보이지 않는 벽을 쌓아 갔어요.

민성이의 말이 맞아요. 나는 그때 왜 정혁이를 말리지 않았을까요? 가장 친한 친구인 정혁이였는데……. 정혁이가 멀어져 갈 때 이유는 묻지 않고 왜 더 높은 벽만 쌓았을까요. 그때 정혁이를 따뜻하게 대했다면 나는 지금 이런 고민을 하지 않아도 됐을 텐데 말이죠.

3 죄와 벌

드르륵.

담임선생님이 문을 열고 들어오자 순식간에 반 아이들은 조용해졌어요. 아마 아이들도 학교 분위기를 알고 있는 탓일 거예요. 선생님께서는 반 아이들을 한 번 쓱 훑어보고 말했어요.

"학교에 중요한 일이 생겨서 선생님들끼리 회의를 좀 해야 해요. 떠들지 말고 1교시는 시청각 자료를 보고 있도록. 반장!"

"네."

"떠드는 사람 이름 적어 놓고, 이거 자연 다큐멘터리 방송이니까 선생님 올 때까지 보고 있어라."

"네."

선생님이 나가자마자 반 아이들은 소란스러워졌어요. 옆 반에서도 웅성거리는 소리가 들렸어요. 반장은 선생님이 준 방송 자료를 틀었어요. 방송은 시작했지만 아무도 그것을 보지 않았어요.

"야, 선생님이 왜 그러실까?"

"그걸 몰라서 묻냐? 마정혁 때문에 그러는 거 아냐."

아침에 교실 앞에서 이야기를 나누던 미진이가 짝꿍과 계속 이야기를 하고 있었어요.

"원래 마정혁 무리가 애들 때리고 돈 뺏는 거 선생님들도 다 알고 있었대. 그런데 학교 이미지가 나빠지니까 서로 쉬쉬하고 있었던 거라고."

"네가 그걸 어떻게 다 알아?"

"엄마가 신문 읽어 줬어. 우리 엄마 말로는 저런 애들은 어렸을 때 혼쭐이 나야한대. 감옥에 확 넣어서 정신 차리게 해야 한다고 그랬어. 나중에 어른이 되면 더 큰 범죄를 저지를 수 있다고."

"아무리 그래도 살인을 한 것도 아니고……."

"어머! 애 말하는 것 좀 봐. 너 혹시 마성혁 좋아하는 거 아냐? 살인은 더 안 돼지. 그리고 살인만 죄는 아니잖아. 마정혁이랑 그 무리들이 애들한테 못된 짓을 얼마나 많이 했니? 돈을 빼앗고 죽을 만큼 때리잖아. 뭐 흉기만 안 들었다는 것뿐이지 강도랑 다를 게 뭐가 있니? 어휴, 정말 왜 그렇게 나쁜 짓을 하고 돌아다니는지 몰라. 하여간 나쁜 짓하는 애들은 경찰 아저씨들이 다 잡아가야 한다니까."

"야, 너도 얼마 전에 나쁜 짓했잖아. 학원에서 누군가 필통 안 챙겨 간 거 그냥 네 가방에 넣었잖아. 그거 나한테 엄청 자랑해 놓고서……."

"그게 왜 나쁜 짓이야? 안 챙겨 간 주인이 바보지. 그리고 내가 그 필통을 몰래 챙겼다고 해서 경찰서에 가지는 않아. 그렇게 따지면 너는 뭐 나쁜 짓 안 했니?"

"내가 뭘?"

"오늘 아침에 나랑 학교 오면서 지나가는 거미 밟았잖아. 그 거미가 너한테 무슨 잘못을 했다고 밟아 죽이니?"

"내가 그 거미를 밟고 싶어서 밟았니? 모르고 그런 거지! 너 억지 부리지마! 그렇게 따지면 죄를 안 짓고 사는 사람이 어디 있니? 사람이 태어난 것 자체가 죄겠다."

"그래, 맞아. 죄를 안 짓는 사람은 없을 거야. 분명히 선생님이 조용히 하고 시청각 자료 보라고 했는데, 너희는 지금 떠들고 있잖아. 하지 말라는 짓을 하고 있으니까 죄를 짓는 거지. 안 그래?"

미진이와 짝꿍이 교실에서 시끄럽게 떠들자 반장인 효진이가 째려보며 말했어요. 반장 효진이는 공부만 잘하는 줄 알았는데 가끔 보면 말주변도 뛰어나요. 그러자 지기 싫어하는 미진이가 계속 말했어요.

"반장, 선생님이 조용히 하라고 한 게 한두 번이니? 그리고 그런 금지 조항은 대한민국 헌법에 없을 거야. 그런데 어째서 내가 죄를 지었다는 거야?"

"죄라는 기준을 어떻게 보느냐에 따라 달라지겠지. 지금 여기서 더 시끄럽게 했다가 선생님께 걸리면 넌 벌을 받을 거야. 벌을 받는다는 의미가 뭐겠니? 죄를 지었으니 벌을 받는 거야. 꼭 헌법에 적혀 있는 것만 죄가 되는 것은 아니야. 넌 떠들면서도 양심의 가책을 느끼지 않겠지만 난 양심의 가책을 느끼거든. 이런 경우를 보면 내가 너보다 더 도덕적이라고 할 수 있겠지?"

"뭐, 뭐야! 그럼 난 양심도 없고 도덕적이지 않는 사람이라는 거야?"

"그거야 뭐 법적으로 정해진 게 아니니까 개인의 차이겠지. 예를 들어 버스 노약자석에 네가 앉았는데 할머니가 버스를 타셨어. 넌 몸이 피곤했기 때문에 자리를 양보하지 않았지. 그래도 넌 할머니께 미안하지 않을 거야. 하지만 만약 내가 똑같은 상황이고 자리를 비켜 드리고 싶지만 너무 피곤해서 못 일어났다면 계속 죄를 지은 것처럼 할머니께 미안해 할 거야. 할머니께 자리를 양보하지 않았다고 해서 경찰서에 가는 것도 아닌데 계속 마음은 불편하고…… 누군가가 용서해 주길 바라겠지. 그런 차이지."

"나 참. 너 사람 한순간에 나쁜 애로 만드는 재주가 있구나?"

"그러니까 양심의 가책을 느끼기 전에 조용히 하고 방송이나 보고 있어 줄래?"

김효진. 네가 승자다. 똑 부러진 성격과 전교 1, 2등을 할 정도로 똑똑하기 때문에 우리 엄마는 효진이를 며느리감으로 점찍었어요.

죄로부터 자유로울 수 없는 인간

인간은 죄로부터 자유로울 수 없습니다. 하지만 인간은 죄로부터 자유롭기를 소망합니다. 따라서 죄로부터 자유로워지는 방법을 찾는 것은 매우 중요한 일입니다. 그 경우는 대체로 다음과 같이 세 가지로 요약됩니다.

1. 아무런 잘못을 저지르지 않음.

2. 지은 죄에 대한 구체적인 값을 치름.

3. 용서 받음.

1번은 이론적일 뿐 현실적으로는 불가능합니다. 하지만 인간은 여전히 죄로부터 자유롭기를 원합니다. 따라서 2번과 3번을 통해서만 인간은 죄로부터 자유로울 수 있습니다.

2번은 죄를 짓고 법적인 대가를 치른 후 죄로부터 자유를 얻을 수 있습니다. 하지만 이것이 완전한 자유를 보장하는 것은 아닙니다. 법이 정

한 죗값을 치렀다고 해도 죄의 기록이 어디인가 남아 있다면 여전히 죄로부터 자유롭지 못한 상태인 것입니다.

3번은 도덕적 또는 종교적 양심에 위배되는 죄로서, 2번의 경우와는 다른 문제입니다. 각자의 양심이라는 거울에 비춰서 판정하게 되는 죄는 주관적입니다. 따라서 이 죄로부터 자유롭게 해 주는 방법인 '용서를 해 주는 당사자가 불분명하다는 점'이 2번의 경우와는 다릅니다.

같은 고민을 한 루터의 생애

우리에게 종교개혁자로 잘 알려진 루터의 사상도 이와 같은 문제에 대한 고민에서부터 시작합니다. 1483년에 태어난 마르틴 루터는 독일 만스펠트에서 광산업으로 성공한 집안의 엄한 부모님 밑에서 자랐습니다. 1505년 에르푸르트 대학을 졸업하고 아버지의 권유로 다시 법학부에 진학했습니다. 그 해, 여행을 하던 중에 일생일대의 사건을 경험하게 됩니다. 갑자기 번개가 치는 바람에 그는 쓰러졌고, 함께 걷던 동료는 벼락에 맞아 죽는 일이 일어난 것입니다. 아무 죄가 없다고 생각되는 동료가 '천벌'이라는 벼락을 맞아 죽음을 당한 사건은 갓 스물을 넘긴 청년 루터에게 불가사의였습니다. 그 일로 루터는 세상과 단절하고 아우구스티누스 수도원에 들어가 수도자 생활을 시작했습니다.

　이후 루터는 에르푸르트 수도원에서 성직자 서원을 하고 비텐베르크 대학으로 옮겨 가게 되었습니다. 그리고 그곳에서 한 노신부에게 죄와 용서에 대한 가르침을 듣게 되었습니다. 그 핵심은, 모든 사람은 죄에 대한 용서를 받음으로써 죄로부터 자유로워지는데, 그런 용서는 그에 대한 '믿음'에서 비롯된다는 것입니다. 이 말에 그는 힘을 얻었고, 바울이 그렇게도 여러 번 언급했던 "죄인이 믿음으로 의롭게 된다"는 말의 참뜻을 알게 되었다고 합니다. 하지만 루터가 무척 단순해 보이는 이런 깨달음을 얻고 실천하는 데에는 실로 오랜 시간과 노력이 필요했습니다. 그 이유는 당시 널리 알려진 죄와 용서에 대한 견해가 루터의 생각과는 사뭇 달랐기 때문입니다. 고향으로 돌아가 죽음을 맞이할 때까지 루터는 육백 쪽 이상의 백 권이 넘는 저서를 남겼습니다. 이런 업적을 보면 그는 평생 깨달음과 실천을 위해 노력한 학자라고 할 수 있습니다.

2

죄로부터 자유롭게

 따라서 선생들은 자신 안에 있는 것을 행하는 자에게 하느님이
틀림없이 은총을 주신다고 말한다. 왜냐하면 하느님은 인간에게
이렇게 약속하시고 자비의 계약을 맺으셨기 때문이다.

— 마르틴 루터

1 쉿! 모두 비밀

온종일 학교는 어수선했어요. 선생님들은 수업을 하는 둥 마는 둥 하고 여기저기 회의를 하러 다니느라 매우 바빴어요. 슬쩍 본 교무실 풍경은 마치 시장 같았어요. 담임선생님은 쉴 새 없이 걸려 오는 항의 전화를 받느라 잔뜩 찌푸린 인상이었어요.

"어머님들, 진정하시고요."

"우리가 지금 진정하게 생겼어요? 어느 놈이야! 어느 놈이 우리 아들을 그렇게 만들어 놨어! 아이고, 나는 고것이 그렇게 맞고 다니는 줄도 모르고 민날 구박만 했었는데……. 내가 나쁜 엄마지, 나쁜 엄마야. 흑흑흑."

교무실에서 교감 선생님에게 따지던 한 아주머니가 끝내 울음을 터뜨렸어요. 누구 엄마인지는 모르겠지만 많이 속상하겠죠? 다행이에요. 우리 엄마는 이 사실을 모르니까요. 나는 교무실 안과 문 근처를 천천히 살펴보았어요. 혹시 우리 엄마가 와 있지 않을까 해서요. 엄마는 정혁이를 잘 알고 있었기 때문에 이번 일을 알게 된다면 충격이 매우 클 거예요. 울고 있던 아주머니 뒤에서 아저씨가 소리를 질렀어요.

"선생들이 말이야! 문제아 관리도 못하고 뭐하는 겁니까? 어디 안심하고 자식을 학교에 보내겠어요? 서로 쉬쉬하고 있다가 여기까지 터진 거 아닙니까? 그 문제아가 대단한 부자이기라도 합니까? 선생님들이 학교 폭력을 모르고 있었다는 게 말이 됩니까?"

흥분한 아저씨의 얼굴은 이미 빨갛게 달아올랐고, 교감 선생님과 주변에 있던 선생님들은 어찌할 바를 몰랐어요.

"이봐, 학생."

"헉!"

갑자기 큼직한 손이 내 어깨를 툭 쳤어요. 나는 화들짝 놀라서 짧은 비명을 질렀어요. 뒤를 돌아보니 커다란 카메라를 메고 있는 아저씨와 예쁘게 웃고 있는 누나가 있었어요. 방송국에서 나온 사람들인가 봐요. 신문과 뉴스, 인터넷에 퍼진 사건의 주인공이 우리 학교라는 사실이 모두 드러났다는 뜻이겠죠? 나는 아저씨와 누나를 가만히 쳐다보았어요. 그러자 기자 누나가 내 앞으로 바짝 다가서면서 물었어요.

"너 이 학교 학생이니?"

고개를 두 번 끄덕이고는 다시 기자 누나를 쳐다보았어요.

"음, 나는 LBC 보도국에서 나왔어. 김지수 기자라고 해. 선생님들이 왜 이렇게 소란스러운지 알고 있니?"

기자 누나가 나에게 질문을 하는 순간 카메라에 빨간 불빛이 켜지는 것이 보였어요. 아저씨는 카메라 위치를 맞추면서 나를 찍으려고 했어요. 나도 모르게 두 손으로 얼굴을 가렸어요. 내가 죄를 지은 것도 아닌데 반사적으로 나온 행동에 나 스스로도 놀랐어요. 그 때 기자 누나는 내 마음을 읽은 것처럼 이야기했어요.

"아, 미안해. 네가 싫으면 얼굴은 모자이크 처리하고 목소리는 변조할게. 괜찮겠지? 너는 몇 학년이니?"

"5학년이요."

"그렇구나. 지금 교무실에 사람이 너무 많아서 내가 들어갈 수가 없어. 그래서 묻는 거야. 저분들은 왜 싸우고 있어?"

이 기자 누나는 정말 몰라서 묻는 게 아니겠죠? 다 알면서 확인하기 위해 묻다니! 너무 잔인해요. 대답하기 싫었지만 어차피 기사에 다 나와서 내가 말하지 않는다고 해서 달라질 건 없었어요.

"폭력 서클 애들이 한 애를 심하게 때렸대요. 그동안 학교에서 애들을 많이 괴롭혔는데, 부모님들이 이제야 사실을 알고 학교에 찾아 온 모양이에요."

나는 카메라의 빨간 불빛이 싫어서 기자 누나의 구두를 쳐다보면서 말했어요.

"그럼 너는 폭력 서클에 있는 애들이 다른 학생들을 괴롭히고 다닌다는 걸 알고 있었니?"

"네."

"그런데 그 사실을 선생님들은 몰랐어?"

"그건 모르겠는데요."

"응, 그래. 그럼 폭력 서클 애들이 다른 학생들을 괴롭혔다고 했는데 구체적으로 어떻게 괴롭혔는지 알고 있니?"

"뭐, 돈 빼앗고, 돈 줘도 때리고 돈 안 주면 더 때리고. 심하면

왕따 시키고 그러는 거 같아요."

"혹시 너도 폭력 서클 애들한테 피해를 입었니?"

"아, 아뇨."

"전교생이 갈취와 폭행을 당했다고 들었는데……. 특정한 애들만 노렸나? 이걸 좀 더 조사해 봐야겠군. 그래 고맙다. 학생아."

기자 누나는 내 머리를 한 번 쓰다듬고는 빠른 걸음으로 반대편에 있는 다른 학생에게 걸어갔어요. 그러자 그 아이는 엄청나게 빠른 속도로 뛰어가 버렸어요. 기자 누나는 그 학생을 뒤쫓아 가려다가 포기하고 다른 학생을 찾았어요.

갑자기 학교 이곳저곳에서 기자들이 노려보는 것처럼 느껴졌어요. 학생도 아니고 학부모도 아닌 사람들이 옆에 큰 가방을 둘러메고 성큼성큼 걸어왔어요. 나에게 말을 걸까 봐 겁이 나서 학교건물 밖으로 뛰쳐나왔어요.

정신없이 중앙 현관으로 달려 나오는데 덩치가 큰 아주머니랑딱 부딪치고 말았어요. 나는 그 아주머니 때문에 뒤로 밀려 넘어졌는데 아주머니는 급한 일이 있었는지 나를 쳐다보지도 않고 크게 화를 내며 빠르게 지나갔어요.

"어디 감히 우리 세훈이를! 어떤 자식인지 내가 가만히 안 둘

거야. 화 감방에 집어넣은 준 안아! 우리 아들 온 몸에 멍을 만들어 놨겠다. 내가 당장 이것들을!"

아주머니의 목소리는 점점 멀어졌어요. 신발도 벗지 않고 이 층 교무실을 향해 빠르게 올라가는 모습이 보였어요.

만약 엄마가 내 몸의 멍을 보았다면 뭐라고 말했을까요? 저 아주머니처럼 때린 녀석을 잡아 오라고 화를 낼까요? 아니면 바보같이 말도 안 하고 가만히 맞기만 한 내 잘못이라고 할까요? 그것도 아니면 자식이 학교생활을 어떻게 하는지 몰랐던 엄마 자신을 탓할까요? 아마 엄마는 바보같이 맞기만 한 내 행동에 화가 나서 내 잘못이라고 했을 거예요. 그리고 나를 오랫동안 괴롭혔던 녀석이 정혁이라는 사실을 알게 되면 충격에 휩싸일 거예요.

그래요. 나는 다시 한 번 더 다짐했어요. 절대 엄마가 알아서는 안 된다. 엄마가 모든 사실을 알았다가는 애들한테 맞아서 내게 생긴 멍보다 엄마에게 더 깊은 상처를 줄 수도 있으니까 말이에요.

2 엄마의 눈물과 정혁이

"용태야, 용태야!"

집에 들어서자마자 엄마는 급하게 나를 불렀어요. 나는 엄마가 왜 그런지 알고 있었지만 최대한 모르는 척했어요.

"왜 그래?"

"그게 사실이야? 신문에 난 학교가 너희 학교 맞다며! 넌 아무 일 없어? 엄마한테 거짓말 하는 거 아냐?"

"아, 엄마! 아니야. 나도 오늘 학교 가서 알았어. 안 그래도 그

일 때문에 하루 종일 학교가 이상했던 말이야. 선생님도 교실에 안 들어오시고, 이상한 사람들만 왔다가고……."

"그래서 너는 그동안 아무 일 없었다는 거야? 소문에는 전교생 대부분을 건드렸다는데? 너 옷 벗어 봐. 어디 맞아서 멍든 데 없어? 엄마한테 일부러 숨기는 거지? 앞집 애 엄마는 학교 찾아가고 난리 났어! 엄마도 가려는 거 꾹 참고 너 올 때까지 기다린 거야. 빨리 옷 올려 봐."

엄마는 내 옷을 억지스럽게 잡아당겼어요. 엄마가 옷을 올리면 바로 푸르스름한 멍이 보일 거예요. 엄마가 잡고 있는 손을 뿌리치고 옷을 꾹 잡고서 소리쳤어요.

"엄마, 왜 이래요! 난 아니라니까! 왜 아들 말을 안 믿고 그래요? 나 방에 들어갈래."

나는 빨리 방으로 들어가고 문을 잠궜어요.

"용태야! 용태야!"

엄마는 방문을 계속 두드리면서 나를 불렀어요. 나는 가방을 던져 놓고 그대로 침대 속으로 들어갔어요. 갑자기 몸이 부들부들 떨렸어요. 엄마가 모든 사실을 다 알고서 묻는 게 아닐까요? 혹시 멍을 봤을까요? 모든 게 불안해지기 시작했어요. 하지만 불안한 마음이 따뜻한 이불 속에 점점 녹으면서 잠이 들었어요. 얼마나 잤는지 모르겠지만 눈을 떠 보니 거실에서 아빠와 엄마가 속삭이는 소리가 들렸어요. 아빠가 온 걸로 봐서 벌써 저녁 여덟 시가 지난 모양이에요.

"뭐 때문인지는 모르겠지만 용태가 말을 안 해요. 내가 몇 번이나 물었는데 본인은 절대 아니라고만 하고……. 그런데 안 당한 애들이 없대요. 그러면 당연히 용태도 당한 거 아니겠어요?"

엄마는 내 방에 들릴까 봐 작은 소리로 말을 했어요. 나는 엄마와 아빠가 무슨 말을 하는지 궁금해서 방문에 바짝 귀를 갖다 댔어요.

"굳이 말 안 하는 거 보면 돈 조금 빼앗겼거나 그렇겠지. 애들 사이에서 천 원, 이천 원씩 빼앗기도 하고 그렇잖아. 학교마다 질 나쁜 애들은 어디나 있기 마련이야. 하여간 요새 부모들은 유별나다니까."

"유별나긴 뭐가 유별나. 아침에 신문 봤잖아. 동네 꼬마들이 나쁜 장난하는 수준이 아니야. 까딱하다가는 나중에 정말 심각한 범죄로 이어질 수도 있다고. 그리고 용태는 일부러 나한테 말 안 하는 거 같은데 그 나쁜 애들 대장이 용태 예전 친구 있잖아. 정혁이라고……"

엄마가 정혁이에 대해 알고 있었다니! 엄마는 아무 것도 모르는 줄 알았는데 모르는 척했던 거 뿐이었어요. 나는 놀라면서도 엄마 아빠의 대화를 계속 들었어요.

"그래, 용태랑 많이 친했잖아. 정혁이가 키도 크고 뚱뚱한 애 아냐?"

"맞아요. 그 정혁이. 걔네 엄마 집 나가고 나서 나쁜 애들이랑 어울리더니 결국 애들 괴롭히고 싸움이나 하고 다녔나 봐요. 어휴, 진짜 걔네 아빠는 뭘 하고 다니는지……."

"정혁이 엄마는 아직도 연락이 안 되나 봐?"

"그럼 남편 폭력에 그렇게 참고 지내다가 자식까지 버리고 나간 사람인데, 나 같아도 독한 마음먹고 연락 끊지. 나중에서는 자식한테 미안해서라도 연락하지 못하겠지만……."

"용태도 많이 힘들었겠어. 가장 친한 친구였는데 한 순간에 멀어져 버렸으니."

"그래도 난 다행이에요. 우리 용태까지 못된 애들이랑 어울렸다고 생각해 봐요. 어휴, 생각만으로도 끔찍해. 정혁이는 방에서 자나? 나오지를 않네."

"그래? 내가 한번 들어가 볼게."

앗! 아빠가 소파에서 일어나는 소리가 들렸어요. 나는 재빨리 침대로 뛰어 들어가서 비스듬하게 누웠어요. 아빠가 방문 앞에 온 느낌이 들었어요.

똑똑똑.

"용태야, 자니?"

아빠가 조용히 나를 불렀어요. 아무 대답이 없자 아빠는 더 크게 불렀어요.

"용태야, 안자는 거 안다. 아빠가 방문 열쇠로 열고 들어가는 것보다 네가 나오는 게 좋겠구나. 잠깐 나올래?"

"네."

나는 침대에서 부스럭거리며 일어나 거실로 나갔어요. 소파에는 엄마 아빠가 앉아 있었어요. 나는 고개를 숙이고 아빠 옆으로 가서 앉았어요. 나에게 뭔가를 말하려고 했던 엄마를 아빠가 말리면서 물었어요.

"엄마한테 얘기 다 들었다. 정혁이가 나쁜 애들과 어울렸다는 걸 이제 알았구나. 용태는 이미 알고 있었겠지?"

나는 고개를 끄덕였어요. 평소에도 자상한 아빠인데 오늘따라

더 부드럽게 물으니까 모든 이야기를 할 수밖에 없었어요.

엄마는 내 배와 팔뚝에 생긴 멍을 보고 눈물을 흘렸어요. 아빠도 많이 속상하셨는지 눈을 부릅뜨고 내 몸 이곳저곳을 살폈어요. 정말 끝까지 숨기려고 했는데 이렇게 돼 버렸어요. 꾹 참았던 눈물이 뚝뚝 떨어졌어요. 그동안 문제집 값으로 돈을 가져가고 매일 밤 악몽 때문에 잠을 설치며 방에 부모님을 들어오지 못하게 했던 나의 행동들이 엄마는 이제야 이해된다고 했어요.

"정혁이 그 녀석 버릇을 단단히 고쳐야 해. 눈에는 눈, 이에는 이라고 그랬어. 어디 할 짓이 없어서 나쁜 짓만 골라서 하고 다녀? 여보! 우리 용태까지 당한 마당에 어떻게 좀 해 봅시다. 정혁이 그 녀석이 우리 용태를 이렇게 만든 것도 억울한데 가만히 있을 수는 없어요."

엄마는 울면서 아빠에게 말했어요. 그러자 아빠는 조용히 말했어요.

"그건 우리가 어떻게 할 수 있는 문제가 아닌 거 같아. 학교와 경찰서에서 알아서 하겠지. 그리고 일이 이렇게 커졌는데 정혁이 아버지가 가만히 있겠어? 그 양반도 무슨 생각이 있겠지. 일단 그

못된 애들이 누구인지 다 밝혀졌으니까 또 이런 일이 일어나지는 않을 거야. 무엇보다 그 녀석들이 이번 일을 겪고 나서 반성하고 있는지가 더 중요한 문제 아니겠어? 법의 처벌만이 전부는 아니야. 만 14세가 안 되니까 소년원에 가지 않고 다른 조치가 내려지겠지."

아! 정혁이가 소년원에 가지는 않나 봐요. 아직 어려서 법적으로 처벌받을 나이는 아니라고 해요. 정혁이가 소년원에 가지 않아도 된다는 사실에 나는 안심이 됐어요. 왜 그럴까요? 다른 친구들과 함께 나를 때리고 돈을 빼앗고 괴롭혔는데…….

나는 되뇌었어요.

'정혁이를 미워해야 한다. 정혁이를 미워해야 한다.'

3 용서는 누구에게

다음 날 학교 풍경은 어제와 같았어요. 학부모들과 낯선 사람들로 학교는 어수선했어요. 선생님은 오늘도 수업을 제대로 하지 않았어요. 이럴 거면 차라리 임시 휴교를 하는 것이 훨씬 좋겠어요. 나는 짜증이 섞인 표정을 지으면서 가방을 내려놓았어요.

"에휴."

앉자마자 나도 모르게 한숨이 나왔어요. 어제는 엄마가 온종일 한숨을 쉬었는데……. 오늘은 학교로 가서 선생님에게 따지겠다는 것을 나와 아빠가 말렸어요. 지금도 불안해요. 엄마가 갑자기 학교에 찾아올까 봐요.

"용태야, 아침부터 왜 한숨이야?"

앞에 앉은 효진이가 뒤돌아보며 말했어요.

정혁이와 나는 어렸을 때부터 효진이를 좋아했어요. 셋이서 항상 붙어 다녀서 나와 정혁이가 아는 여자 친구는 효진이 밖에 없었어요. 아직도 기억나요. 초등학교 1학년 반 배정에서 나와 효진이는 같은 반이 되었는데, 정혁이는 옆 반이 되었어요. 정혁이는 효진이와 같은 반이 되지 못해 섭섭하다고 했어요. 나는 그렇게 말한 정혁이한테 서운했었죠.

아마 효진이는 정혁이 무리를 만났더라도 당당하게 맞섰을 것 같아요. 울면서 돈을 주거나 머리를 맞거나 하지는 않았을 거예요. 효진이는 똑똑하니까요. 학교 분위기가 어수선했지만 효진이는 아무렇지 않은 듯 평소처럼 당차고 씩씩한 표정을 지으며 말했어요.

"어린애들은 한숨 쉬면 안 된다고 그랬어. 네가 한숨 쉰 만큼 키는 안 클 거야."

"치, 그런 게 어디 있냐?"

"무슨 고민이라도 있어?"

"아니. 학교 분위기도 엉망이고, 수업은 하는 건지 마는 건지 짜증나고. 너희 부모님이 아무 말 안 하셔? 우리 엄마 아빠는 신문 기사의 주인공이 정혁이라는 걸 알더라고. 난 말 안하고 있었는데, 소문이 정말 많이 났나 봐."

"그랬구나. 우리 엄마랑 아빠도 다 아셔. 특히 정혁이 얘기를 듣고 많이 놀라셨어. 그렇게 착했던 애가 어떻게 나쁜 길로 빠졌냐고 하시더라."

"으응."

"……."

나와 효진이는 아무 말도 하지 않았어요. 나쁜 길로 빠진 정혁이. 그때 우리는 정혁이를 잡지 않았어요. 남들은 정혁이를 욕하지만 나는 나 자신을 욕하고 싶었어요. 왜 정혁이를 내버려뒀을까요? 친구라면 힘들 때 도와주고, 기쁠 때 함께 기뻐해야 하는 거 아닌가요? 난 친구 자격이 없어요.

"나는 친구가 될 자격도 없어. 누가 나와 친구가 되고 싶다 그러면 거절할래."

"용태야, 왜 그래? 친구에 지켜야란 게 이있이?"

"난 정혁이가 나쁜 애들이랑 어울리는 걸 알면서도 가만히 있었어. 그러면 안 된다고 정혁이를 말렸어야 했는데 너무 무서워서 가만히 있었어. 그래서 결국 지금 정혁이가 죄인 취급을 받게 된 거야."

"그게 어떻게 용태 너 때문이니? 정혁이 스스로가 자신을 그렇게 만든 거야. 네 잘못이 아니야."

"사실 효진이 너도 나랑 비슷한 마음이잖아. 어쩌면 우리가 친구 정혁이를 버린 건지도 몰라. 지금 다른 사람들이 정혁이를 욕하고 있어. 부끄럽지만 나도 정혁이 무리한테 맞고, 돈을 뺏겼어. 하지만 난 정혁이가 죄인이라고 생각하지 않아. 정혁이를 나쁜 길로 가게 만든 내가 더 죄인이거든."

"……"

효진이는 아무 말도 하지 않더니 몸을 돌려 제자리에 앉았어요.

"에휴."

한숨 쉬면 키가 작아진다고 말한 효진이가 한숨을 쉬었어요.

"야야! 속보야 속보!"

민성이가 교무실에서 상황을 지켜보다가 교실로 뛰어 올라왔어요. 무슨 얘기를 들었는지 숨을 헉헉 거리면서 교실 앞에 섰어요.

"근철이는 다시 교실로 들어갔대! 승용이네한테 치료비와 피해 금액 다 물리고, 우리 학교에서 피해 입은 학생들은 합의하기로 했대!"

정혁이와 함께 민승용을 폭행한 근철이가 다시 교실로 돌아갔다고 해요. 그러면 근철이는 내일부터 아무 일 없었다는 듯이 학교를 다니겠죠. 근철네 집이 잘산다고 들었는데 역시 돈으로 합의를 보는 게 제일 좋은가 봐요. 그럼 앞으로 정혁이는 어떻게 되는 걸까요?

"뭐야? 그럼 근철이는 퇴학 안 당하는 거야? 맞은 애들한테 피해 보상만 해 주면 다 끝나는 거야?"

미진이가 흥분된 목소리로 물었어요. 그러자 민성이는 귀찮다는 표정을 지으면서 말했어요.

"당연한 거 아냐? 고소한 피해자 부모님이 가해자와 합의를 했다는데 말이 더 필요하냐? 육체적, 정신적 치료비 받는 거 몰라? 드라마 안 보냐? 드라마에도 나오잖아."

"돈으로 합의를 했다고 해서 근철이의 잘못이 없어지는 건 아니잖아. 죗값을 돈으로 대신하는 건기?"

"그렇겠지. 우리 아빠도 얼마 전에 속도위반해서 범칙금을 냈거든. 법을 어겼는데 돈을 내니까 감옥에도 안 갔어."

"교통법규를 어겼다고 해서 감옥에 가는 건 아니잖아. 그거 거의 다 벌금 내는 거잖아. 주차를 잘못해도 그렇고, 신호를 어겨도 그렇고. 그리고 진짜 감옥 갈 일이 생겨도 돈 주고 풀려나는 사람들도 많아. 이야! 돈이 최고인가 봐."

민성이는 비꼬는 듯한 말투로 말했어요.

드르륵.

갑자기 담임선생님이 문을 열고 들어왔어요.

"민성이 이 녀석! 빨리 자리에 안 들어가? 선생님이 너 교무실 앞에서 알짱대는 거 다 봤다."

"네."

"조용히 해. 하여간 애들은 선생님이 없으면 일 초라도 조용히 하는 일이 없어요. 반장! 애들 조용히 안 시키고 뭐했어?"

"네."

반 아이들은 선생님이 들어왔는데도 여전히 소란스러웠어요. 아마도 근철이 때문에 그럴 거예요. 선생님 꾸중 때문에 자리에

들어갔던 민성이가 물었어요.

"선생님, 진짜 근철이는 풀려나는 거예요?"

"풀려나긴 뭘 풀려나! 어디 묶여 있기라도 했니?"

"아니요. 그러니까 정학을 받거나 다른 학교로 가거나 하지는 않는 거예요?"

"나중에 다 알게 될 거다. 교과서 펼 준비나 다들 하시지요."

선생님은 이제 교무실 일을 정리하고 온 모양이에요. 어제 수업을 거의 하지 못했기 때문에 오늘은 꼭 수업을 해야 했어요. 그러나 반 아이들은 모두 교과서를 꺼내거나 수업을 들으려고 하지 않았어요.

"얘들이 교과서 안 펴고 뭐해?"

"선생님, 말해 주세요. 왜 근철이는 다시 학교로 오고 정혁이는 안 오는 거예요?"

"조용히 하고, 너희들은 오후에 어떤 분이 오셔서 이야기를 할 거야. 무서워할 필요는 없어. 한 명씩 돌아가면서 면담할 거니까 솔직하게 다 얘기하면 돼."

"네. 그런데 선생님, 정말 모르겠어요. 근철이가 승용이한테 돈을 주고 풀려난 거라면 죄를 짓고서 돈으로 대신하면 다 되는 건가요?"

"이 세상에 돈으로 모두 해결되는 일은 없어요. 물론 돈으로 해결할 수 있는 일도 많긴 하지만……. 너희들 부모님께 거짓말하거나 잘못을 했을 때 부모님이 이런 말씀 하실 거야. '저기 무릎 꿇고 손들고 한 시간 동안 있어!'"

"크크, 맞아 맞아."

"부모님이 너희에게 '손들고 가만히 있어'라고 하는 건 여러분의 팔이 아프라고 그러는 게 아니야. 너희가 무엇을 잘못했는지 조용히 반성하고 뉘우치라는 뜻이야. 그런데 어른이 되어서 큰 잘못을 저질렀다면 감옥에 가게 되잖니. 감옥에 가는 것도 자신의 죄를 뉘우치고 앞으로 새 사람으로 살아갈 준비를 하라는 의미인 거야."

선생님의 말을 가만히 듣고 있던 미진이가 손을 들면서 물어요.

"그런데 선생님. 감옥에 가기도 하지만 사형을 받기도 하잖아요. 그리고 감옥에 가야 하는 사람들도 돈을 내고 감옥에 안 가는 경우도 있잖아요. 보석형인가 뭔가 그런 게 있다던데요?"

"그래. 그런데 돈을 주고 풀려날 수 있는 것도 모든 죄에서 가능한 것은 아니야. 죄를 지었다면 법으로 처벌을 받아야 하는데 돈으로 내가를 치르고서 죄로부터 자유로워질 수도 있지. 중세 유럽의 교회에서는 '면벌부' 라는 게 있었단다. 예전에는 '면죄부' 라고 했었지. 이것은 교회에 돈을 내고 신의 구원을 사는 거란다. 결국 교회 배만 불리게 되었지만……. 하지만 오늘날 보면 돈이 아니더라도 봉사활동으로 죗값을 치르기도 한단다. 예전에 법을 어긴 어떤 연예인이 200시간 사회봉사활동으로 죗값을 치르기도 했었지. 돈이 모든 죗값을 대신하는 건 아니라는 거지."

그래요. 누군가는 돈이 세상에서 최고라고 말하지만 돈이 모든 문제를 해결해 주지는 않아요. 하지만 근철이의 문제는 돈이 해결해 주었어요. 그럼 근철이의 잘못은 모두 없어지는 걸까요? 근철이는 이제 떳떳하게 학교에 나와서 우리들과 같이 수업을 들을 수 있는 걸까요? 근철이에게 피해를 당했던 어느 누구도 근철이를 용서하지 않았는데 말이죠.

죄로부터 자유로울 수 있는 방법을 찾다

아주 오래전부터 이어져 오는 형벌제도를 보면, 인간은 시대를 막론하고 죄를 짓는다는 것을 알 수 있습니다. 죄를 저지르면 죄의 성격과 무거운 정도를 따져서 죗값을 치르게 하는 방법이 몇 가지 있습니다.

가장 오래된 방법으로는 받은 만큼 상대에게 손해를 입히는 '보복법'에 따르는 것입니다. 이 방법은 단순, 명쾌해 보이지만, 죄를 짓고 또 보복을 불러일으킨다는 악순환이 있어서 일찍이 사라졌습니다.

그래서 죄인을 사회로부터 격리시키고, 새 삶을 살 수 있는 반성의 기회를 주는 체벌인 '징역형'이 오랫동안 유지되어 오고 있습니다. 극단적인 경우 '사형'이라는 형벌이 내려지기도 합니다.

한편 과태료, 가산금, 범칙금, 보상금 등 여러 명칭이 붙은 금전적 형벌의 경우, 인간이 저지른 잘못을 돈으로 대신함으로써 그 과오 즉, 넓은 의미의 죄로부터 죄인을 자유롭게 하는 것입니다.

또한 죄를 대신 하는 것으로써 '봉사명령'은 돈이 아니라 의무적인 사회봉사활동으로 죗값을 대신 치르게 하는 것입니다.

이러한 방법 이외에 특별한 경우로써 한 나라의 통치자가 '사면'을 시행하는 방법도 있습니다. 물론 대통령 한 사람의 의지대로 할 수 있는 것은 아니고 적절한 절차와 사회 통념 속에서 국민들의 합의가 있어야 합니다. 이것은 인간의 권한을 통해 면죄가 된다는 것이기도 합니다.

이러한 면죄의 여러 방법에도 불구하고 죄는 여전히 존재합니다. 그리고 인간은 거기에 얽매여 있어 자유롭지 못하다는 데 문제가 있습니다. 동서고금을 막론하고 이 문제를 해결하고자 하는 의지가 있었습니다. 모든 죄로부터 해방되어 떳떳한 인간이 되는 것. 이는 마치 동양에서 말하는 군자에 이르는 것과 흡사한 면이 있는데, 이것을 서구 기독교에서는 '의화된다' 혹은 '의로운 사람이 된다'고 표현합니다. 또한 기독교에서는 그렇게 된 의인만이 구원에 이른다고 합니다.

죄로부터 자유로워지는 출발점

루터는 믿음만으로 의롭게 되어 구원에 이를 수 있다고 합니다. 그는 죄로부터 벗어난 자유로운 삶이 믿음으로부터 출발했다고 하였습니다. 그리고 선행이란 구원의 기쁨과 감사하는 마음에서 자발적으로 실천하는 자유와 구원의 징표인 것입니다. 결과적으로, 선행이 선한 사람을 만든다는 스콜라주의의 가르침과는 반대로 루터는 선한 사람이 선행을 한다는 주장을 폈습니다. 루터가 즐겨 인용했던 성서의 한 구절은 그의 주장을 잘 뒷받침해 줍니다.

"좋은 나무마다 아름다운 열매를 맺고 못된 나무가 나쁜 열매를 맺나니." (마태복음 7장 17절)

여기서 좋은 나무는 선인이고 아름다운 열매는 선행에 대한 비유입니다. 루터에 따르면, 믿음이 없을 때 사람은 율법주의에 빠지게 되는데, 율법에 의거하는 사람은 하나님 앞에서 선행으로 자기 의를 쌓으려고 하다 보니 절망에 빠질 수밖에 없다고 하였습니다. 그러나 믿음으로 의롭게 된 사람은 이제 율법에서 자유롭기 때문에 자발적으로 선행을 하게 됩니다. 그런 선인은 이제 자신의 율법을 스스로 행하면서 이웃 사랑을 실천합니다.

구원에 이르다

 나는 내 배 속를 채우기 위해서가 아니라 구원을 위해 서원했다.
그리고 모든 규칙을 매우 엄격하게 지켰다.

— 마르틴 루터

1 목사님을 만나다

"오예! 점심시간이다. 빨리 급식실로 가자."

민성이는 점심시간이 되자 큰 소리로 내게 말했어요.

그 때 효진이가 갑자기 뒤돌아 말했어요.

"용태야 우리 집에 갈 때 같이 가자."

"어? 그래. 점심 맛있게 먹어."

아, 웬일일까요? 효진이랑 같이 집으로 가는 길은 징말 오랜만인 것 같아요. 다른 반이었을 때도 우리는 항상 붙어 다녔는데 정작 같은 반이 되서는 함께 다닌 적이 별로 없었던 것 같아요. 아마 정혁이 때문일 거예요.

정혁이와 효진이. 우리는 항상 함께 다녔는데 정혁이가 멀어지고 나서는 효진이와 나 사이도 벽이 생기는 것 같았어요. 내가 효진이를 얼마나 많이 좋아했는데…….

작년에 학원을 같이 다니던 정혁이가 한동안 보이지 않아서 정혁이네 집에 찾아 갔던 적이 있어요. 페인트가 벗겨져서 녹이 슨 대문을 살짝 밀었어요. 그러자 삐그덕거리면서 헌 대문 한 짝이 빠져 버렸어요.

"앗!"

너무 당황해서 그 대문을 받쳐 들었어요. 떨어진 대문을 끼우려고 했지만 녹이 슨 대문 표면은 더 잘게 부서졌어요.

'어떡하지?'

난감해 하고 있는 사이에 방문이 스르륵 열렸어요.

"정혁이 왔냐?"

아저씨의 굵은 목소리가 들렸어요. 고개를 들어 보니 정혁이 아버지였어요. 두 번째로 본 정혁이 아버지. 덥수룩한 수염과 머리

칼이 지저분해 보였고, 마루에는 빈 소주병들이 어지럽게 널브러져 있었어요. 낮에도 술을 마셨는지 얼굴은 빨갰어요. 눈은 초점이 없어서 나를 보고 있는 건지 옆에 있는 장독을 보고 있는 건지 구분이 안 갔어요. 아저씨가 무서웠지만 나는 서너 발자국을 떼서 안으로 들어갔어요.

"저, 정혁이 친구인데요 정혁이 없어요?"

"그 녀석한테 친구도 있었나? 가긴 어디를 가? 지금쯤 학원 갔을 시간인데. 아니네, 이제 좀 있으면 학원 마치고 집에 올 시간이네. 조금만 기다려 봐라."

"네."

나는 마루에 걸터앉아 정혁이를 기다리고 있었어요. 삼십 분이 지났을 때 부스럭거리는 소리와 함께 낡은 대문이 열렸어요. 정혁이는 나를 보자마자 바로 뒤돌아 뛰쳐나갔어요. 나도 정혁이를 따라 나갔어요.

"정혁아!"

정혁이를 크게 불렀지만 정혁이는 뒤도 돌아보지 않고 계속 달렸어요. 나는 그 자리에 서 있었는데 정혁이는 계속 달렸어요. 남겨진 나는 그 자리에서 조금씩 벽을 쌓고 있었어요. 언제쯤 그 벽을 허물 수 있을까요? 정혁이는 언제쯤 옛날의 정혁이로 돌아올 수 있을까요?

"용태야, 야! 용태야!"

"어?"

"밥 다 먹었으면 빨리 나가자. 7반이랑 축구하기로 했잖아.

민성이와 점심을 먹다가 옛날 생각에 잠깐 빠져 있었어요. 결국 축구는 민성이만 하고 나는 교실로 올라왔어요. 그런데 교실 뒤에서 담임선생님과 한 아저씨가 대화를 나누고 있었어요. 다른 반 선생님은 아니고 처음 본 분이었어요. 나는 담임선생님과 눈이 마주쳐서 목례를 하고 자리에 앉았어요. 텅 빈 교실에 나와 담임선생님, 아저씨만 덩그러니 있었어요. 선생님은 목소리를 작게 내려고 속삭이면서 말했어요. mp3를 꺼내 노래 몇 곡을 듣고 나니 반 아이들이 교실로 들어오기 시작했어요. 아이들도 담임선생님과 함께 있는 아저씨의 정체를 궁금해 했어요.

"누구야?"

"선생님 애인 아냐? 히히."

"야, 우리 선생님은 젊은데 저 아저씨는 수염도 길고 머리도 하얄잖아 나 반대일세 ㅋㅋ"

　어느새 종이 울리고 선생님이 교탁 앞으로 갔어요. 수업을 시작하는데도 그 아저씨는 계속 뒷자리에 있었어요.

　'왜 가지 않고 있는 걸까?'

　나와 마찬가지로 다른 친구들도 앞에 서 있는 선생님은 보지 않고 뒤에 있는 아저씨를 힐끗 쳐다보았어요.

　"애들아, 선생님 안 보고 어디를 보고 있는 거야?"

　선생님이 교탁을 몇 번 치면서 반 아이들의 주의를 끌었어요.

　"선생님이 그랬지. 오후에 손님이 오실 거라고. 지금 학교 폭력 때문에 선생님과 너희들 모두 정신이 없을 거라고 생각해. 친구들에게 폭력을 당했다는 것만으로도 정신적 충격이 매우 클 거야. 그래서 뒤에 계신 분이 너희들의 고민을 상담해 주시고, 앞으로 같은 일이 다시는 일어나지 않도록 도와주실 거야. 목사님, 앞으로 나오셔서 소개 좀 부탁드려요."

　"그러지요."

　목사님? 그럼 교회에서 설교를 하는 사람이란 말일까요? 목사님이라면 긴 망토 같은 옷을 걸치고 근엄한 표정을 지으며 기도하는 사람인 줄로만 알았는데 저 분은 그냥 옆집 아저씨 같은 분위기였어요. 나뿐만 아니라 다른 아이들도 그런 생각을 했는지 목사님이라는 선생님의 소개에 모두 당황했어요.

"여러분, 안녕하세요. 저는 희망교회에 있는 우 목사입니다. 만나서 반가워요. 며칠 사이에 학교와 여러분에게 일어난 일 때문에 많이 혼란스러웠을 거예요. 여러분 중에도 몸과 마음이 다친 친구들이 많지요? 저는 여러분의 마음에 난 상처를 치유하고, 더 이상 학교가 폭력으로 얼룩지지 않게 돕고 싶어서 왔어요. 이상하게 생각하지 마시고 한 명씩 교무실 맞은편에 있는 상담실로 와서 저와 편안하게 이야기를 나누면 돼요. 겁먹지 말고요. 하하."

목사님은 어색했는지 큰 웃음을 지으며 교실 밖으로 나갔어요. 천천히 상담실로 내려가는 발소리가 들렸어요.

'쿵쾅쿵쾅.'

내 차례가 되려면 아직 멀었는데 왜 이렇게 가슴이 뛸까요? 이제 겨우 1번 경식이가 나갔어요. 1번부터 차례대로 가면 난 열네 명이 끝나기를 기다려야 해요. 그런데 왜 이렇게 떨릴까요?

2 용서할 수 있을까

제일 처음으로 상담을 받은 경식이가 돌아왔어요. 아이들은 경식이를 붙잡고 이것저것 물어보기 시작했어요.

"야, 그 목사님이 뭐라 그래? 무슨 얘기했어?"

"누가 너 때렸는지 말하래? 그래서 너 말했어?"

"그런 거 아니야. 어린애들은 몰라도 돼."

경식이는 뭐가 그리 즐거운지 아이들의 질문에 대답하지 않고 자리에 앉았어요.

'쿵쾅쿵쾅.'

심장은 요동쳤어요.

"자, 다음은 10번에서 15번까지 내려가 있어라."

담임선생님이 말했어요. 15번까지라고? 지금 내려가야 해요. 쿵쾅거리는 내 심장 소리가 앞에 앉은 효진이에게까지 들릴까 봐 걱정이 되었어요.

나는 떨리는 마음을 가다듬고 상담실로 내려갔어요. 이미 상담실 앞에는 앞 번호 친구들이 기다리고 있었어요. 나는 계속 복도 바닥을 쳐다보면서 안절부절못했어요.

"용태야, 다음에 네 차례야."

벌써 내 차례가 되었어요. 넋이 빠져 있던 나를 15번인 동균이가 흔들었어요. 정신을 차리고 상담실 문을 바라봤어요. 분홍색지에 적힌 문구가 문에 붙어 있었어요.

언제든지 노크하세요. 여러분의 고민을 들어 드려요.

조심스럽게 문을 열었어요. 상담실에 앉아 있는 목사님의 온기가 문밖에 서 있는 나에게까지 닿는 것 같았어요. 목사님의 온기 때문인지 떨렸던 내 몸은 서서히 안정을 찾았어요. 고개를 들어 목사님을 바라봤어요. 목사님은 웃으면서 말했어요.

"여기에 앉으세요."

목사님의 말대로 맞은편에 있는 의자에 앉았어요. 가까이에서 목사님의 얼굴을 보니 더욱더 친근한 느낌이 들었어요.

"이름이?"

"용태예요. 서용태."

"용태는 잠을 잘 못 자나 보군요. 얼굴이 어두워 보여요."

"네? 아니, 뭐……."

"수줍음이 많은 친구인가 보네요. 용태는 학교에 친한 친구들이 많아요?"

"아니요. 별로 없어요."

"친구가 많다는 건 기쁨이 그만큼 늘어난다는 것과 마찬가지랍니다. 용태도 학교를 다니면서 진정한 친구들을 많이 사귀는 것이 인생의 기쁨을 충족시키는 데에 도움이 될 거예요."

"아니에요."

"……."

"저는 누군가의 친구가 될 자격이 없어요."

목사님이 흔을 내 것두 아닌데 왈카 눈물이 쏟아졌어요. 목사님이 친구 이야기를 꺼내서 그런가 봐요.

　"친구가 될 자격이 없다니요. 용태 학생, 왜 용태 학생은 친구가 될 자격이 없다고 생각하는 거예요?"

　"저는 정혁이가…… 그러니까 학교에서 못된 짓을 했던 그 친구가 나쁜 짓을 하는 걸 알면서도 가만히 있었어요. 친구라면서 말릴 생각은 하지 않고 그냥 내버려 뒀다고요! 그래서 결국…… 정혁이는 감옥에 갈 수도 있잖아요. 으앙!"

　"용태 학생, 정혁이라는 친구가 나쁜 길로 빠진 것이 왜 자신 때문이라고 생각하는 거죠? 마음을 조금 가라앉혀 봐요."

　"정혁이는 저에게 둘도 없는 친구였어요. 키 작고 힘 약한 저에게 수호천사와 같았어요. 제 옆에 정혁이만 있으면 나쁜 형들이 지나가도 하나도 무섭지 않았어요. 그런데 저는 정혁이가 부모님 때문에 얼마나 힘들었는지 잘 알지도 못했고, 나쁜 애들이랑 어울려 다니려는 걸 알면서도 말리지 않았어요. 목사님, 진정한 친구라면 친구가 나쁜 짓을 할 때 그것을 말리고 좋은 길로 인도해야 하잖아요. 저는 정혁이한테 그렇게 하지 못했으니까 친구가 될 자격이 없어요. 전 진짜 나쁜 애에요. 남들은 정혁이를 욕하며 벌을 쥐야 한다지만 진짜 벌 받아야 할 사람은 저예요."

"그럼, 용태 학생은 왜 친구를 가만히 내버려 뒀나요? 그 당시 말이라도 따스하게 건넬 수 있었을 텐데요."

목사님이 말했어요. 난 숨이 턱 막혔어요. 뭐라고 말해야 할까요. 난 정말 왜 그랬을까요?

"저도…… 저도 잘 모르겠어요. 나쁜 애들이랑 같이 어울려 다니는 정혁이를 봤을 때 너무 무서웠어요. 내 친구 정혁이는 온데간데없이 사라지고 말았어요. 정혁이가 너무 달라 보여서 제가 선뜻 다가갈 수 없어요. 전 겁이 많거든요."

"그럼 용태 학생은 자신을 괴롭힌 정혁이를 이미 용서했다는 건가요?"

용서? 나 그리고 우리 학교 학생들을 괴롭힌 정혁이를 나는 용서했던가요? 정혁이가 나쁜 길로 가도 가만히 내버려 두었던 나 자신만 질타했지 정작 정혁이에게 받은 나의 고통에 대해서는 생각해 보지 않았어요.

난 정혁이를 용서했을까요? 아니에요. 난 정혁이를 용서하지 않았어요. 나의 몸과 마음에 멍이 들게 했고 그걸 본 엄마 아빠의 마음을 아프게 했어요. 부모님을 떠올리면 정혁이를 용서할 수 없어요.

잊고 있었어요. 정혁이의 잘못을 용서를 하는 것과 정혁이의 친구로서 올바르게 행동하지 못한 나의 잘못을 구분하지 못하고 있었어요.

"아니요. 전 정혁이를 용서하지 않았어요."

"용서를 하지 않았는데 용태 학생은 정혁이가 벌을 받는 것을 왜 두려워하죠? 그럼 지금이라도 정혁이를 용서할 수 있나요?"

정혁이가 내 앞에 와서 잘못했다고 사과하고 용서를 구하면 정혁이를 용서할 수 있을까요? 자신이 없었어요. 정혁이의 사과가 진심인지 의심이 들 것 같아요. 정혁이가 벌을 받는 것이 두려운 이유는 정혁이가 그렇게 되기까지 내 책임도 있다는 생각과 정혁이의 죄에 대한 정당한 죗값을 생각하지 못해서였어요. 정혁이가 벌을 받기를, 정확히 말하면 내가 정혁이게 벌을 주려고 했던 거예요.

3 마르틴 루터를 만나요

다른 아이들의 상담 시간보다 더 많은 시간이 흐른 것 같아요. 그냥 느낌일지도 모르겠지만 시간이 더디게 흐르고 있었어요. 좀 전에 울어 버리는 바람에 내 눈은 빨갛게 충혈되었지만 목사님은 여전히 온화한 미소를 짓고 있었어요.

"목사님, 도대체 제가 왜 이럴까요? 저는 정혁이를 용서하지 않았으면서 돈을 주고 풀려난 근철이를 미워했어요. 피해자인 제가 정혁이를 용서하지도 않으면서 정혁이가 벌 받는 것을 두려워했어요. 제 마음 속에 악마가 있는 걸까요? 제가 정혁이에게 벌을 주기를 제 마음이 기다리고 있는 걸까요? 옛날에는 면벌부라는 것이 있었다면서요? 지금도 면벌부가 있었으면 좋겠어요. 그러면 정혁이도 면벌부를 사고, 저도 면벌부를 사서 죄를 짓지 않았던 처음으로 되돌아갔으면 좋겠어요."

"용태 학생, 면벌부라니요. 그건 너무 위험한 생각이에요."

내가 면벌부 얘기를 꺼내자 온화하던 목사님의 얼굴이 새파랗게 질렸습니다. 마치 내가 큰 잘못이라도 한 것 같은 분위기였습니다.

"왜 위험한 생각이라는 거예요? 죄를 저질러도 면벌부를 사면 죄가 사라지는 거잖아요."

"그래요. 하지만 정확히 얘기하면 죄가 사라지는 것이 아니라 지은 죄에 따라서 받아야 할 벌이 사라지는 거예요. '고해성사' 라는 말을 들어 봤나요?"

"네. 성당에 있는 좁은 방 안에 들어가서 자신이 지은 죄를 신부님에게 고백하는 거잖아요. 그러면 신부님은 이야기를 다 들은 후 이런 말을 했어요. '네 죄를 사하노라.'"

"맞아요, 용태 학생. 하지만 죄는 용서 받았지만 그 벌은 아직 남아 있었어요. 중세에는 죄에 대한 벌로 기도를 하거나 선행을 하도록 했어요. 그러니까 죄의 대가는 치러야 했었죠. 하지만 면벌부를 사면 그 죄의 대가를 치를 필요도 없었어요."

"그런데 성당은 왜 면벌부를 만들었어요? 사람들이 기도하고 선행할 수 있게 만들면 되잖아요."

"중세 가톨릭은 더 많은 교회를 짓고 더 많은 사람들에게 가톨릭을 전파시키기 위해서 많은 돈이 필요했어요. 성당으로 들어오는 헌금만으로는 부족했죠. 그래서 면벌부를 남용하게 되었어요. 그러다가 강제적으로 면벌부를 파는 지경에까지 이르렀어요. 돈으로 구원을 사는 꼴이 되었지요. 이때 가톨릭교회가 강제적으로 면벌부를 파는 것을 마르틴 루터가 비판하고 나섰어요. 그래도 전혀 개선의 여지가 보이지 않자 마르틴 루터는 비텐베르크 성 교회의 문 앞에 '95개 논제'를 내걸었어요. 그리고 유럽의 기존 가톨릭과 본격적으로 논쟁을 하게 되었답니다."

"마르틴 루터."

목사님으로부터 들은 낯선 이름을 조용히 되새겨 보았어요. 목사님의 말씀을 더 듣고 싶었지만 밖에서 기다리고 있을 동균이가 생각났어요. 목사님은 내 마음을 알았는지 손을 꼭 잡으면서 말했

어요.

"용태 학생, 다른 친구들을 위한 시간도 필요하니 오늘은 이만 해야겠어요. 오늘 오후에 시간이 된다면 희망교회에 들리세요. 용태 학생에게 큰 도움이 될지 모르겠지만 용태 학생에게는 지금 대화가 필요한 것 같아요. 주저 하지 말고 와요. 이제 용태 학생 자신과 정혁이를 용서해야 하지 않겠어요?"

"……"

드르륵.

나는 문을 열고 나왔어요. 들어올 때와 다르게 차가운 기운이 몸을 휘감았어요. 동균이는 빨간 내 눈을 보고 흠칫 놀라더니 어깨를 움츠리면서 들어갔어요.

이대로 교실에 들어갔다가는 아이들이 다들 놀란 눈으로 나를 쳐다볼 것 같아서 화장실로 들어가 세수를 했어요. 얼음장같이 차가운 물로 얼굴을 몇 번 두드리니 정신이 드는 것 같았어요. 이제는 눈보다 손이 더 새빨갰어요.

"으으, 차가워."

교실로 들어간 나는 아무렇지 않은 듯 자리에 앉았습니다. 어느 누구도 내가 울었다는 사실을 눈치채지 못할 거예요. 상담을 모두 마치고 목사님은 다시 교실로 올라와서 교탁 앞에 섰어요.

"여러분과 진지한 이야기를 나눌 수 있어서 기뻤습니다. 제가 여러분에게 했던 말을 잊지 말고 항상 새겨 두길 바랄게요."

목사님은 나를 지긋이 쳐다보면서 부드럽게 말했어요. 희망교회라고요? 오늘 오후에 꼭 가 봐야겠어요. 내 속에 갇혀 있던 나의 죄를 묻고 정혁와의 벽을 허물고 싶어요.

목사님이 우리 반 아이들에게 인사를 하자 수업 종료를 알리는 종이 울렸어요. 목사님은 여전히 웃으면서 교실을 빠져나갔어요.

"용태야, 같이 가자."

효진이는 언제 가방을 다 쌌는지 내 앞에 서서 말했어요. 나도 가방을 얼른 챙겨서 효진이와 함께 교실을 나왔어요. 멀리서 목사님이 앞서 걸어가는 모습을 보았어요.

'효진이와 함께 성당에 갈까? 목사님이 효진이에게는 뭐라고 말했을까? 효진이도 정혁이와 친했다는 사실을 목사님에게 말했을까? 효진이도 나처럼 죄의식을 가지고 있을까?'

나는 효진이에게 성당에 같이 가자는 말을 할까 말까 망설였어요. 교문 앞까지 걸어 나오면서도 고민하고 있을 때 효진이가 말했어요.

"목사님 어떠셔?"

"응? 좋은 분인 것 같아. 진작 저런 분을 만났으면 좋았을걸. 근데 너 목사님이랑 무슨 얘기했어?"

"뭐 이것저것. 아마 너랑 비슷한 얘기를 하지 않았을까?"

나와 비슷한 얘기라고? 그럼 효진이도 정혁이의 친구로서 하지 못한 일을 후회하고 있었다는 걸까요, 아니면 친구들에게 나쁜 짓을 한 정혁이가 큰 벌을 받아야 한다고 말했을까요? 나는 고민 끝에 용기를 내서 효진이에게 말했어요.

"효진아, 우리 목사님한테 한 번 더 가 보지 않을래?"

"왜? 너 교회 다녔었어?"

"아니. 실은 목사님이랑 상담하면서 시간이 부족했어. 그래서 교회에 가서 더 많은 이야기를 하고 싶어. 물어보고 싶은 것도 많고……. 목사님이랑 얘기하고 나면 왠지 마음이 편해질 거 같아. 네가 싫다면 나 혼자라도 가려고."

"아니야. 나도 좋아. 그럼 빨리 가자. 네 마음이 일 초라도 빨리 편해졌으면 좋겠어."

학교 근처에 있다는 희망교회는 찾기 쉬웠어요. 텔레비전에서 봤던 것처럼 아주 큰 교회일 줄 알았는데 생각보다 작았어요. 우리는 어디로 들어가야 할지 몰라 우왕좌왕하고 있었어요. 나를 보다 못한 효진이가 지나가는 아주머니를 붙잡고 물었어요.

"저, 죄송한데요. 혹시 우 목사님을 어디로 가면 뵐 수 있나요?"

"아, 저기 오른쪽 현관으로 들어가서 일 층 두 번째 방으로 가면 계실 거야. 오늘 어디 초등학교 가신다고 했는데 지금쯤 들어오셨는지 모르겠네. 오늘 저녁에 예배가 있어서 왔나 보구나."

"아, 네."

효진이와 나는 아주머니의 말을 듣고 부리나케 안으로 들어갔어요. 낡아 보이는 나무문이 닫혀 있었어요.

똑똑똑.

나는 조용히 문을 두드렸어요. 그러자 안에서는 대답 대신 문쪽으로 다가오는 발 소리가 들렸어요.

"그래, 잘 왔다."

목사님은 학교에서 봤을 때보다 더 반갑게 우리를 맞아 주었어요. 효진이도 목사님이 좋은지 금방 안으로 들어갔어요.

따뜻한 방 안으로 들어서자 금세 몸이 녹았어요. 목사님은 우리에게 따뜻한 우유를 주었어요.

"처처히 마시련."

우유 한 잔에 효진이의 얼굴은 싱글벙글이었어요. 효진이와 나는 우유를 마시며 목사님에게 우리 어렸을 적 이야기와 정혁이랑 가깝게 지냈던 시절의 이야기를 했어요. 목사님은 얘기를 다 듣고서 학교에서 내가 울었던 심정을 이해하는 것 같았어요.

"아까 미처 다 하지 못했던 면벌부에 대한 이야기를 계속해 볼까요?"

"면벌부? 면벌부라면 오늘 선생님이 해 줬던 이야기인데? 목사님, 정말 중세 가톨릭에서는 죄를 지었어도 면벌부를 사면 죄가 없어지는 거였어요?"

효진이가 다 마신 우유 컵을 치우면서 물었어요. 효진이는 똑똑해서 그런지 선생님이 했던 말을 잘 기억하고 있었어요.

"면벌부를 사면 기도나 선행을 해서 벌을 받지 않아도 되었어요. 그런데 가톨릭교회가 면벌부를 남용하고 심지어 강제로 판매까지 하니 마르틴 루터는 더 이상 두고 볼 수가 없었던 거예요. 그래서 면벌부를 반대하는 주장을 했어요."

"그래서 면벌부는 사라졌나요?"

"아니요. 면벌부 판매는 계속 되었고 루터는 비텐베르크 성 교회의 문 앞에 '95개 논제'를 걸었지요. 이 일을 시작으로 가톨릭 교회와 마르틴 루터는 논쟁에 들어가게 되었고 이 사건이 종교개혁의 발단이 되었어요."

"루터가 뭐라고 반박했는데 개혁이 시작되었다는 거예요?"

"루터가 반박문을 통해 말하고자 한 것은 돈으로 구원을 사거나 선행을 베푼다고 해서 죄가 없어지는 것이 아니라 오직 믿음과 신의 은총이 있어야만 구원을 받을 수 있다는 것이었어요. 신의 은총은 면벌부와 비교할 수조차 없이 가치 있다고 하였죠. 이 반박문이 사람들에서 퍼지게 되면서 교회의 타락이 세상에 알려졌고 루터 목사와 뜻을 함께 한 그룹이 만들어 졌어요. 결국 기존의 교회 세력인 교황파와 루터를 주축으로 한 루터파로 갈리게 되었고, 가톨릭은 구교, 신교로 나누어 졌어요. 우리는 이것을 '종교개혁'이라고 하지요."

"그런데 목사님, 옛날에는 인터넷도 없고 전화도 없었는데 어떻게 많은 사람들이 반박문을 볼 수 있었어요?"

"그건 바로 인쇄술이 발달했기 때문이에요. 서양에서 구텐베르크라는 사람이 가장 처음 인쇄술을 개발했어요. 그가 발명한 인쇄술로 가장 먼저 찍은 것이 면벌부였어요. 그런데 아이러니하게

도 면벌부를 찍었던 인쇄술은 면벌부를 다시 없애는데 큰 역할을
한 셈이죠. 인쇄술의 때문에 많은 사람들은 반박문을 볼 수 있었
고 루터가 독일어로 번역한 성경도 널리 보급되었어요. 인쇄술이
발달하지 못했다면 사람들은 성경책조차 제대로 읽지 못했을 거
예요."

목사님 말을 듣고 나니 마르틴 루터라는 사람은 정말 대단한 일
을 한 것 같아요. 종교를 개혁한다는 것은 쉬운 일이 아니었을 텐
데 하나님에 대한 굳건한 신앙심으로 타락한 종교를 비판하고 새
로운 교회를 만들었으니 말이에요.

안타까운 마음이 들었어요. 조금만 더 일찍 목사님을 만나서 마
르틴 루터를 알았다면 정혁이의 타락한 생활에 대해 충고해 주고
올바른 길로 이끌어서 다시 친하게 지냈을 텐데요. 마르틴 루터는
반박문을 만들고 성경을 번역하여 많은 사람들에게 알렸는데 나
는 왜 정혁이를 위해 작은 노력 하나 하지 않았을까요? 다시 한
번 나의 잘못에 대해 생각했어요.

4 믿음만으로! 은총만으로! 성서만으로!

목사님에게 종교개혁 이야기를 듣다 보니까 어느덧 해가 뉘엿 뉘엿 지고 있었어요. 목사님은 나에게 충고는 하지 않았어요. 하지만 목사님이 들려 주는 이야기를 가만히 듣고 있으니 내 행동을 반성하게 되었어요.

효진이도 목사님의 이야기를 흥미진진하게 듣고 있었어요. 효진이는 자신이 이야기 속의 중세 유럽에 빠진 것처럼 이야기에 집중하였어요.

"그럼 마르틴 루터는 종교개혁을 했으니 개혁자네요. 대단히 용기 있는 사람이었나 봐요."

이 말을 들은 목사님은 손을 휘휘 저으며 말했어요.

"아니에요. 마르틴 루터에 의해 종교개혁이 되고 사람들은 그를 개혁자라고 불렀지만 전혀 그렇지 않아요. 실상은 개혁이 아니라 순응이었어요. 그리고 루터는 인간에게 자유의지가 있다는 것 자체를 부정하였어요."

"그럼 마르틴 루터는 왜 기존의 가톨릭 세력을 비판했나요?"

"개혁이란 스스로 문제점을 인식하고 변화시키고자 할 때 일어나는 거지만 마르틴 루터는 종교개혁을 하나님에 이끌려 할 수 없이 한 일이라고 생각했어요. 모든 것은 하나님의 뜻이고 하나님이 하고 있는 일에 자신은 던져졌을 뿐이라고 했지요."

"와, 루터는 하나님에 대한 믿음이 강한 사람이었구나."

목사님의 얘기에 효진이가 놀랐는지 눈을 동그랗게 뜨고 말했어요.

"그럼요. 마르틴 루터는 종교개혁을 진행하면서 세 가지를 강조했어요."

"그게 뭐예요?"

"'sola fide! sola gratia! sola scriptura!' 라고 했죠. '믿음만으로! 은총만으로! 성서만으로!' 라는 뜻이에요. 루터의 종교가 얼마나 하나님 중심이었는지 알 수 있는 말이에요."

"그런데 믿음, 은총, 성서는 어떤 연관이 있기에 루터는 이 세 가지를 말한 거예요?"

"루터가 번역한 성경은 내용이 명확하고 단순하기 때문에 어느 누구라도 이해할 수 있어서 '성서만으로' 라는 문구를 썼어요. 그리고 은혜는 하나님이 죄인들을 보는 '호의' 로 이해했기 때문에 '은혜만으로' 라고 했고요. 하나님의 약속을 믿는 믿음은 모든 율법을 성취하여 인간을 의롭게 한다고 했기 때문에 '믿음만으로' 라는 문구를 사용했어요. 믿음으로 의롭게 된 사람은 더 이상 의롭게 되기 위하여 하나님에게 자신의 행위를 줄 필요가 없어요. 대신 그 사람은 자신의 행위를 필요로 하는 이웃에게 베풀어야지요. 자신에게 주어진 일에 충실할 때 누구보다도 거룩한 삶을 살게 되며 율법의 완성인 이웃 사랑을 실천할 수 있어요."

역시 목사님입니다. 목사님의 말 하나하나가 가슴에 와 닿았어요. 내가 만일 마르틴 루터라면 어떻게 했을까요?

정혁이와 아이들의 폭력 사건이 터지고 나서 주위 어른들의 목소리는 모두 한결같았어요. 나쁜 짓을 했으니 벌을 받아야 한다고 했어요. 하지만 어느 누구도 정혁이에게서 진심이 담긴 사과를 받아야 한다고 말하지 않았어요. 목사님과 이야기를 나누기 전까지는 나도 정혁이를 용서할 생각을 하지 못했어요. 모두들 어떻게 벌을 주어야 하는지만 생각하고 정혁이에게서 사과를 원하지는 않았어요.

"목사님, 저는 정혁이를……."

목사님은 내 어깨를 토닥거려 주었어요. 살며시 내 어깨는 떨렸고, 효진이는 어리둥절한 표정으로 쳐다보았어요.

목사님은 나지막이 말했어요.

"용태 학생이 정혁이를 용서하는 일과 정혁이가 사람들에게 용서를 구하게 이끄는 일에는 용태 학생의 역할이 클 것 같아요."

시계를 보니 7시가 조금 넘었어요. 교회에 더 있다가는 목사님에게 폐를 끼칠 것 같았어요. 나는 한창 목사님의 이야기에 빠져 있는 효진이의 옆구리를 툭툭 쳤어요. 그리고 눈짓으로 시계를 가리켰어요.

"아! 목사님 곧 있다가 예배 시간이겠네요."

"그래요. 나도 이제 슬슬 준비를 해야겠어요. 내가 갑자기 너무 많은 이야기를 해서 용태 학생이랑 효진 학생이 이해하기 힘들지도 모르겠어요. 난 항상 이곳에 있으니 자주 놀러 와서 더 많은 이야기를 나누어요. 자, 그리고 이거 받아요."

목사님은 효진이와 나에게 작은 성경책을 주었어요.

"용태와 효진이가 읽기 어렵지 않을 거예요."

"네, 감사합니다."

효진이와 나는 목사님에게 인사를 하고 나왔어요. 어느새 교회는 예배를 보러 온 사람들로 북적였어요.

종교개혁의 세 가지, Three Solas!

믿음만으로! sola fide! 은총만으로! sola gratia! 성서만으로! sola scriptura!

루터의 종교는 철저하게 하나님 중심이었습니다. 그는 하나님을 인간의 눈으로 판단하려는 기존 가톨릭교회에 대항했습니다. 사실 기존의 가톨릭교회가 성경의 권위를 모르는 것은 아니었습니다. 루터는 기존 가톨릭교회가 인간 중심의 종교라고 생각했습니다. 가톨릭교회는 성경의 권위를 말하면서도 그 성경을 해석하는 교황의 권위를 더 높이 세웠습니다. 또한 하나님이 은혜를 준다고 말하면서도 그것을 인간이 율법의 의를 쌓는 데 도움을 주는 능력으로만 이해하였고, 믿음이 중요하다고 했다가 어느덧 '선행으로 형성된 믿음'을 강조했습니다.

그러나 루터는 성경이 명확하여 어느 누구라도 이해할 수 있기 때문에 다른 어떤 해석자도 중요하지 않다고 하여 '성서만으로' 라고 외쳤고

은혜는 하나님이 죄인을 보는 '호의'로 이해하여 '은혜만으로'라고 하였으며 하나님의 약속을 믿는 믿음은 모든 율법을 성취하며 인간을 의롭게 한다는 뜻에서 '믿음만으로'라고 외쳤습니다.

이제 믿음으로 의롭게 된 사람은 더 의롭게 되기 위하여 하나님에게 자신의 행위를 줄 필요가 없습니다. 대신 그의 선행을 필요로 하는 이웃에게 베풀어야 합니다. 하나님의 부름 안에서 충실할 때 누구보다도 거룩한 삶을 살게 되는 것이며, 율법의 완성인 이웃 사랑을 실천하는 것입니다.

구원에 이르기 위해

그럼 죄로부터 자유로운 의인 또는 군자가 되기 위하여 구체적으로 어떻게 해야 할까요? 이와 비슷한 의문에 대한 답으로 동양에서는 수오지심 의지단야 (羞惡之心 義之端也) 라는 말이 있습니다. 이 말은 '부끄러움을 아는 것이 군자의 의로움에 이르는 중요한 실마리'라는 뜻으로서 이는 기독교의 '지은 죄에 대한 자각과 그 참회의 고백'이라는 면과 흡사합니다. 동양에서는 '하늘을 우러러'라는 표현이 있고 기독교에서는 이에 해당하는 '하나님'이 있습니다. 이는 용서해 주는 주체가 누구인가 하는 문제로써, 루터가 말하는 '신'입니다.

신의 뜻은 궁극적 진리를 의미하는데 이런 신의 뜻을 이해하기 위해서는 이성에 바탕을 둔 논리적 지식이 필요합니다. 이런 논리적 지식과 신의 뜻이 일치한다고 보는 입장이 바로 스콜라철학이고, 그것은 '이성과 신앙의 종합'으로써 '알기 위해 믿는다'라는 안셀무스의 말로 함축됩니다.

기존 가톨릭교회는 신의 뜻은 주교와 신부 등 성직자만이 알 수 있다는 입장을 취하며 교회를 통해서만 신의 뜻이 전달되는 관념을 확립하고자 했습니다. 결국 그들의 주장은 중세 말 가톨릭의 병폐를 가져왔습니다.

스콜라철학과 면벌부의 관계

그렇다면 면벌부와 스콜라철학은 어떤 관계가 있을까요?

이성에 바탕을 둔 논리적 지식을 토대로 신의 뜻을 알아서 자연 속에 담긴 계시의 내용을 읽을 수 있다는 주장이 있습니다. 그것을 알 수 있

고 전달할 의무를 가진 사람은 교회의 성직자 즉, 사제들이라는 주장이 가능하다면, 죄를 용서받아서 도덕적, 종교적 죄로부터 자유로워지는 일은 간단해집니다. 신의 뜻을 알 수 있는 사제가 인간의 언어로 바꾼 용서의 말을 듣고 사람들은 그것을 실행하면 되는 것입니다. 그 신의 말이 면벌부를 사는 것이라면 그렇게 하면 됩니다.

하지만 이것을 반박하는 두 가지 주장이 있습니다.

하나는 이성과 신앙을 분리한 유명론으로, 신의 뜻이 담긴 진리를 논리적 지식으로는 알 수 없다는 주장입니다. 죄의 문제에서도 죄의 보편성이 성립해야 면벌부가 가능한데, 유명론은 그것을 불가능한 것으로 봅니다. 왜냐하면 유명론은 언어 개념의 '보편성'이란 실재하지 않는 이름뿐인 것으로서, '죄'의 개념 역시 보편성이 없고 개별적 성격을 갖는다는 것입니다. 루터는 이를 수용하는 입장입니다.

다른 하나는 신의 뜻이 담긴 진리를 인간이 알 수 있다는 점은 인정하지만, 구원을 위해서는 그것을 굳이 알 필요가 없으며 오직 구원에 대한 믿음만 있으면 구원을 받을 수 있다는 주장입니다. 그리고 사제가 알 수 있다면, 다른 일반인도 알 수 있다는 주장으로 '만인 사제설'이라고도 합니다. 따라서 구원은 사제를 통해서만 얻을 수 있는 것이 아니라 신의 은총으로 얻을 수 있는 것입니다. 결국 만인 사제설은 사제와 교회를 통해서만 신의 구원을 얻을 수 있다는 주장을 부정함으로써 면벌부 판매를 비판합니다.

구원을 받다

 하느님의 사랑은 찾는 것이 아니라 그 사랑에 만족하는 것을 창
조하는 것이다. 인간의 사랑은 그 사랑에 만족하는 것을 통해 얻
어진다.

— 마르틴 루터

1 돌아갈 수 있을까

목사님에게 좋은 말을 들었지만 마음은 편하지 않았어요. 시무룩한 내 표정을 눈치챘는지 효진이가 말을 걸었어요.

"음…… 용태야. 나 실은 너한테 말하지 못했던 것이 있어."

"뭔데?"

"네가 전에 정혁이가 나쁜 길로 빠진 것을 알면서도 아무런 도움을 주지 못해서 친구가 될 자격이 없다고 그랬잖아."

"응."

"너한테 말은 안 했지민 나도 같은 생삭이었어. 전에는 우리 셋이 얼마나 친했니? 아마 넌 내가 정혁이에 대해 아무 생각도 하지 않는다고 봤을지도 모르겠다. 하지만 아니야. 너한테 아무 말을 안 했을 뿐이었어. 전에 네가 교실에서 정혁이 얘기를 꺼냈을 때 진짜 깜짝 놀랐어. 미안해. 너한테도 미안하고 정혁이한테도 미안하고."

"그럼 이제 우리는 정혁이와 어떻게 해야 할까?"

효진이를 가만히 쳐다보았어요. 효진이는 아무 말도 하지 않았어요. 그러더니 뒤돌아서서 우리가 나왔던 교회를 바라봤어요. '희망교회'라고 적힌 빨간 네온사인 불빛이 깜빡이고 있었어요. 한참을 서서 보던 효진이가 말했어요.

"기억 나? 여기 이 모퉁이 돌아서 계단 저 끝까지 올라가면 정혁이 집이야."

알고 있었어요. 우리 셋은 저 하늘 위까지 이어져 있을 것만 같은 계단 아래에서 자주 놀았어요. 정혁이 집에 갈 때면 저 계단을 오르느라 무척 힘이 들었던 기억이 있어요. 불과 한두 해 전의 일인데 너무 많은 시간이 지나 버린 것 같은 느낌이 들었어요.

"올라가자."

효진이가 내 손을 잡으면서 말했어요.

"정혁이가 사람들의 용서를 받을 수 있게 도와주자. 우리도 정혁이를 용서하고."

"그래."

너무 오랫동안 고민했어요. 고민은 그만하고 정혁이와 만나서 당당하게 이야기해야겠어요. 예전처럼 나 혼자가 아니라 효진이도 함께 있으니 어렵지 않을 거예요. 우리 모두 서로를 용서했으면 좋겠어요.

씩씩하게 계단을 올라갔어요. 낡은 파란색 대문이 보였어요. 예전보다 더 낡아 있었죠. 효진이와 나는 대문을 조심스럽게 밀고 안을 둘러보았어요. 정혁이네 집은 불이 켜져 있었지만 인기척이 없었어요.

"사람이 없나 봐."

효진이는 대문 앞에서 한 발 뒤로 물러서며 말했어요. 나는 효진이의 옷을 붙잡고 대문 안으로 같이 걸어갔어요.

"아니야. 안에 있을 거야. 불이 켜져 있잖아. 저기요!"

나는 작년 여름을 떠올리며 대문 안으로 들어서서 누군가를 불렀어요. 어느 그림자나 나와서 우리를 반겨 주기를 바랐어요.

큰 목소리로 정혁이를 불렀는데도 집 안은 조용했어요. 목소리를 높여서 더 크게 불렀어요.

"야! 마정혁!"

나는 주먹을 불끈 쥐고 정혁이 이름을 목청껏 불렀어요. 정말 오랜만에 불러 보는 이름이었어요. 항상 마음속으로만 외치다가 오늘에서야 소리 높여 불러 본 이름이었어요.

"마정혁! 비겁한 자식아. 숨지 말고 나와! 효진이도 왔어. 빨리 나와!"

나는 소리를 버럭 질렀어요. 너무 크게 소리를 질렀는지 숨이 찼어요. 그 때 방문이 살짝 열리더니 낯선 그림자가 보였어요.

정혁이는 또래 아이들보다 몸집이 컸는데 오늘은 정혁이가 나보다 더 작고 약해 보였어요. 하지만 정혁이의 눈빛은 예전과 같았어요. 매섭고 날카로운 눈빛이 나를 쏘아보았어요. 순간 그 눈빛이 너무 무서워서 아무 말도 하지 못했어요. 방금 전 용기는 온데간데없고 내 몸은 얼음처럼 굳어 있었어요. 효진이는 멀뚱히 서 있는 나를 한 번 보고는 한숨을 푹 내쉬었어요.

'아, 부끄러워.'

효진이가 정혁이 앞으로 성큼성큼 걸어갔어요.

"야! 마정혁! 우리 너무 추운데 안에 들어가면 안 돼?"

효진이가 정혁이에게 큰소리라도 칠 줄 알았는데 고작 저런 말이나 하다니…….

"칫, 됐어! 집에나 가라."

정혁이는 쓴 웃음을 보이며 말했어요. 하지만 정말 갈 수는 없었어요. 이대로 가만히 있으면 정혁이가 방에 들어가서 다시는 나오지 않을 것 같았어요. 뭐라고 말을 해야 할까 망설이고 있는데 효진이가 다시 말했어요.

"싫어. 오늘은 너희 집에 있을래. 남은 밥 없어? 우리 아직 저녁도 안 먹었단 말이야. 너무 배고프다. 들어가게 좀 비켜 봐."

역시 효진이는 용감한 아이에요. 그리고 혼자서 성큼성큼 마루로 다가갔어요. 하지만 문 앞에는 정혁이가 서 있었고 들어갈 빈틈을 주지 않았어요. 하지만 효진이는 장난스럽게 정혁이의 손을 요리조리 피하면서 방 안으로 들어가려고 했어요.

"너 왜 그래? 집에 가라면 갈 것이지. 너희랑 하고 싶은 얘기도 없고, 너희들 별로 보고 싶지도 않아."

정혁이가 효진이의 팔을 잡고 짜증을 내면서 밀었어요. 나는 혹시 효진이가 넘어지기라도 할까 봐 가까이 다가갔어요.

'에라! 모르겠다.'

나도 효진이처럼 신발을 벗고 마루에 올라섰어요. 그리고 나는 효진이와 정혁이를 동시에 밀치면서 방 안으로 들어섰어요. 그 때 우리 셋은 문지방과 서로의 다리에 걸려 넘어지고 말았어요. 정혁이와 효진이가 먼저 넘어지고 그 위로 내가 쓰러졌어요.

'쿵!'

"아, 뭐야!"

정혁이가 버럭 화를 냈어요.

"크크크."

정혁이는 화를 내고 있는데 넘어져 있는 효진이는 무엇이 그렇게 재밌는지 배를 움켜쥐며 웃고 있었어요. 그러다 데굴데굴 방안을 구르며 웃었어요.

"하하하. 아, 배 아파."

정혁이와 나는 데굴데굴 구르는 효진이를 말 없이 그저 바라보았어요.

2 정혁이에게 은총이

방은 따뜻하지 않았어요. 전기장판이 깔린 이불 위에 정혁이와 효진이 그리고 내가 옛날처럼 둥글게 모여 앉았어요. 우리는 이불 속에 다리를 뻗었어요. 다시 일곱 살 꼬맹이로 돌아간 것 같았어요. 효진이는 뭐가 계속 재밌는지 연신 싱글벙글 웃음을 지었고, 정혁이는 가시방석에 앉은 것처럼 불편한 표정이었어요.

"너 아까 목소리 진짜 크더라. 그런 목소리는 대체 어디에서 나오는 거냐?"

정혁이는 비꼬듯이 말했어요. 나는 고개를 푹 숙였어요. 갑자기 부끄럽기도 하고 오랜만에 정혁이와 말을 하려고 하니까 어색하기도 했어요. 정혁이의 말에 나는 아무 대꾸도 하지 않았어요. 차가운 방에 더 썰렁한 기운이 감돌았어요.

"미안해."

나는 적막한 기운을 깨고 정혁이에게 말했어요. 무섭게 나를 째려보던 정혁이는 놀란 눈으로 나를 봤어요. 나는 정혁이를 보고 다시 고개를 숙였어요.

"친구라면서 네가 힘들었을 때 아무 도움도 주지 못했어. 네가 걔네들이랑 같이 다니는 게 싫긴 했지만 내가 어떻게 해야 할지 모르겠더라."

나는 고개를 숙인 채 계속 말했어요. 이불 위로 눈물이 뚝뚝 떨어졌어요.

"야, 인마. 네가 먼저 미안하다고 그러면 내가 뭐가 되냐?"

갑자기 정혁이가 소리쳤어요.

"내가, 내가 더 얼마나 미안한데……. 네가 먼저 미안하다고 그러면 너에게 사과할 수가 없잖아."

"정혁아."

효진이가 부드럽게 정혁이 이름을 불렀어요.

"그동안 나쁜 짓 많이 해서 미안해. 모든 것이 너무 싫었어. 집 나간 엄마도 싫었고, 술만 마시는 아빠도 싫었어. 친구들이 있었지만 엄마를 돌아오게 만들 수 없는 거라고 생각했어. 이 세상에서 나 따위는 아무 필요 없는 거라고, 공부를 해도 아무 소용없고 하고 싶은 것도 없었어. 싸움이나 하고 나쁜 애들이랑 몰려다니면서 돈이나 빼앗고……. 나쁜 짓이란 거 알고 있었어. 애들 때리고 돈 빼앗으면서 기분이 좋지 않았거든. 가끔 아는 애라도 만날 때면 정말 숨어 버리고 싶었어. 그런데 더 웃긴 건 내가 애들을 때리면 때릴수록 아이들은 점점 더 나를 무서워하는 거야. 엄마를 때리던 아빠도 나와 같은 생각을 했을까? 내가 아빠를 이기기 위해서는 아빠보다 더 힘이 세야 한다고 생각해서 싸움을 멈출 수 없었어. 결국 이렇게 되었지만……."

"그랬구나. 나랑 용태도 너한테 많이 미안해 하고 있어. 우리가 빨리 너를 붙잡았으면 네가 나쁜 길로 빠지지 않았을 테니까."

"……."

"그건 그렇고 앞으로 어떻게 할 거야? 근철이는 내일부터 다시 학교 나온다던데 근철이 부모님이랑 아무 얘기 없었어?"

"응. 아빠가 지금 합의금 구하러 다니고 계셔."

"합의금을 주고 네가 다시 정상적으로 학교에 다닌다고 해도 네 마음이 편하지는 않을 거야."

"그렇겠지. 내 모든 잘못이 없어지지 않을 테고. 잘못을 없앨 수는 없을까? 휴."

정혁이는 깊은 한숨을 쉬었어요. 그러자 효진이가 대답했어요.

"하나님의 은총을 기다릴 수밖에. 하나님은 너의 죄를 모두 이해해 주실 거야. 그리고 용서를 빌자. 너로 인해 상처 받은 모든 사람들에게 용서를 구하자. 그러면 하나님도 너를 구원해 줄 거고, 사람들도 너에게 받은 상처를 치료할 수 있을 거야."

"그래. 네가 우리한테 말한 것처럼 다른 친구들에게 너의 진심을 보여 줘. 네 마음을 가두지 말고 열어 봐."

"난, 난 그렇게 못해."

"아냐. 할 수 있어. 예전에는 네가 무엇을 해도 가만히 있었지만 이제는 아니야. 네가 사람들에게 진심으로 용서를 구하고, 용서를 받을 수 있도록 나와 효진이가 도울 거야."

"내 잘못을 사과하면 사람들이 받아 줄까?"

정혁이는 자신 없는 목소리로 말했어요. 그건 알 수 없었어요.

나도 장담할 수 없었어요. 당장 우리 엄마만 하더라도 정혁이를 이해하고 용서할 수 있을까요?

"네가 진심을 보인다면 모두 너를 용서해 줄 거야. 그리고 다른 사람들이 너를 용서해 주고 안 해 주고는 나중에 생각해야지. 넌 먼저 네 잘못에 대해 용서를 구하고 사과를 하는 게 우선이야. 그러니까 용기를 가지고 사람들에게 다가가자. 근철이처럼 돈으로 해결하는 것보다 훨씬 좋은 방법일 거야."

우울한 나와 정혁이와는 다르게 효진이는 확신에 찬 목소리로 말했어요. 효진이 말이 맞아요. 돈으로 해결하는 것보다 진심이 통해서 마음을 움직이는 게 더 좋을 거예요. 오늘 목사님은 면벌부를 돈으로 사서 구원을 받는 것보다 하나님에 대한 믿음으로 구원을 받는 은총이 더 가치 있다고 했어요.

"우리 다음에 같이 목사님한테 가자. 정혁이를 보시면 목사님이 굉장히 좋아하실 거야. 정혁이한테도 좋고. 목사님께 배울 게 많을 거 같아."

효진이는 지금이라도 당장 교회에 갈 것처럼 눈을 부릅뜨고 말했어요.

꼬르륵.

앗! 누구의 소리일까요? 내 배에서 나는 소리는 아닌데…… 누군가 배가 고프다는 신호를 보냈어요. 순간 정혁이의 얼굴이 빨갛게 달아올랐어요.

"아, 내가 점심도 안 먹어서……."

"우리 뭐 먹을 거 없을까?"

효진이도 배가 많이 고픈지 배를 툭툭 치면서 말했어요.

"조금만 기다려 봐."

정혁이는 밖으로 나가더니 이십 분쯤 지나니까 방으로 들어왔어요.

"야, 문 좀 열어 봐."

문밖에서 정혁이가 소리쳤어요. 나는 벌떡 일어나서 문을 열었어요. 정혁이가 문 앞에서 조그만 밥상을 들고 있었어요. 라면이 가득 들어 있는 냄비에서는 김이 모락모락 났어요.

"먹을 건 이것밖에 없어. 그래도 내가 제일 잘 만드는 거야. 특별히 계란도 세 개나 넣었어."

"우와, 진짜 맛있겠다. 잘 먹을게."

효진이는 빠른 손놀림으로 밥그릇에 라면을 떠서 우리에게 나눠 주었어요. 배가 얼마나 고팠는지 우리는 라면을 먹는 동안 한 마디도 하지 않았어요. ㄱ새 냄비는 국물 하나 남지 않고 깨끗했어요.

"정말 잘 먹었다. 라면 진짜 맛있어."

정혁이가 끓인 라면은 정말 맛있었어요. 배가 불러서 그런지 슬슬 잠이 왔어요. 효진이도 졸린지 눈을 자꾸만 껌벅이고 있었어요. 이대로 잠이 들 것 같았어요. 엄마가 걱정할 텐데……. 집에 들어가야 하는데…….

나는 무거워지는 몸을 억지로 일으켜 세우고 정혁이네 집에서 나왔어요. 낡은 대문과 멀어져 갔지만 정혁이와 나는 더 가까워진 것 같아서 기분이 좋았어요.

'정혁이가 읽고 있겠지?'

정혁이 집에서 나오기 전에 몰래 성경책을 놔두고 왔어요. 목사님에게 받은 것이지만 정혁이에게 더 필요할 것 같았어요.

3 모두에게 용서를 구하다

학교는 어제와 같았어요. 북적거리는 아이들과 선생님, 씩씩거리며 학교로 찾아오는 부모님들.

수업이 시작하기 전 정혁이네 교실을 둘러보았어요. 정혁이가 앉아 있던 제일 끝자리는 여전히 비어 있었어요. 언젠가는 정혁이가 제자리를 찾아오겠죠. 효진이는 언제 왔는지 내 앞에 앉아 있었어요.

"어제 잘 갔어?"

"응."

"어제 집에 들어가자마자 잤어. 정말 피곤하더라. 정혁이가 라면에 수면제라도 탔나 봐. 히히."

드르륵.

교실 앞문이 열리더니 동균이가 뛰어 들어왔어요.

"야야! 빅 뉴스야. 빅 뉴스. 마정혁이 학교에 왔대. 지금 교무실에 있나 봐."

"뭐? 정말?"

반 아이들은 모두 놀라면서 교무실로 뛰어 내려갔어요. 무슨 구경거리라도 난 것처럼 우르르 몰려갔어요. 모두 나가고 교실에는 나와 효진이만 덜렁 남았어요.

"우리도 가 볼까?"

효진이가 뒤를 돌아보며 말했어요. 나는 고개를 끄덕였어요.

이미 교무실 앞에는 학생들로 가득했어요. 닫힌 교무실 창문으로 어떻게든 정혁이를 보려고 폴짝폴짝 뛰는 아이들도 있었어요. 선생님이 갑자기 교무실에서 나왔어요.

"전부 조용히 하고 교실로 올라가! 누가 수업 시간에 나와 있으라고 했어? 어서 안 올라가니?"

아이들이 올라가는 틈을 타 효진이와 나는 교무실 벽에 붙었어요. 작은 키 때문에 안이 보이지 않았지만 어떻게든 보려고 애를 썼어요. 갑자기 교무실 문밖까지 정혁이의 목소리가 들렸어요.

"죄송합니다!"

그 소리에 밖에서 웅성거리던 아이들도 모두 조용해졌어요.

"진심으로 죄송합니다. 깊이 반성하고 있습니다."

교무실 안도 조용했습니다. 선생님들도 아무 말을 하지 않고 있었어요. 아이들도 모두 놀란 토끼 눈을 하고 있었어요.

더 이상 아무 말도 들리지 않았어요. 정혁이의 모습도 볼 수 없었어요. 하는 수 없이 나와 효진이는 교실로 올라왔어요. 한참 있다가 반 아이들이 모두 교실로 들어왔어요.

"와, 마정혁이 그렇게 고개를 푹 숙이냐?"

교무실 안을 들여다보고 있었던 미진이가 말했어요.

"카리스마 마정혁이 어디로 갔는지 모르겠더라. 흥, 그러니까 힘을 쓸 때 써야지 나쁜 곳에다 쓰니까 저 꼴이 되잖아. 고소해. 그런데 진짜 죄송하긴 죄송한 거야? 웃겨! 정말."

"야! 너 그만하지 못해?"

정혁이를 비꼬는 미진이의 말에 효진이가 벌떡 일어나 말했어

요. 효진이와 미진이의 신경전이 다시 시작됐어요

"어머? 내가 뭘? 뭘 그만 하라는 거야? 왜? 너도 마정혁이랑 한패라도 되냐?"

"걔가 진심으로 사과하면 받아 줘야 할 거 아냐. 진심으로 사과한다는 게 쉬운 줄 아니? 하긴 너같이 사과라는 건 한 번도 해 보지 못한 애가 뭘 알겠니?"

"그만해."

난 효진이에게 속삭였어요. 괜한 이 신경전이 커져 버리면 곤란할 것 같았어요. 그만 앉으라고 효진이의 옷을 잡아당겼어요. 미진이는 아무 말도 하지 않고 효진이를 째려보더니 휙 돌아서 자리에 앉았어요. 효진이는 미진이 뒤통수를 몇 초간 째려보고 자리에 앉았어요.

지루한 수업을 마치고 효진이와 나는 목사님을 만나기 위해 희망교회에 가기로 했어요.

'정혁이도 같이 가면 더 좋을 텐데…….'

정혁이가 목사님을 꼭 만났으면 좋겠어요. 혹시 교무실에 가면 정혁이가 있을까 하는 마음에 교무실 안을 들여다봤어요. 구석구

석을 둘러봤지만 정혁이는 보이지 않았어요.

"정혁이도 같이 가면 좋을 텐데……."

효진이도 나와 같은 생각이었어요. 아쉽지만 다음에는 꼭 같이 가야겠다고 다짐했어요.

효진이랑 유치원 시절 이야기를 하면서 걷다 보니 금방 희망교회에 도착했어요.

"목사님."

"용태 학생 왔네요."

목사님 방에는 이미 손님이 와 있었어요. 그 손님은 바로 마정혁이었어요.

정혁이는 나와 효진이를 보았어요. 그리고 환하게 웃었어요. 우리는 기쁜 마음으로 정혁이 옆에 가서 앉았어요. 그리고 내가 말했어요.

"정혁아. 너 어떻게 된 거야? 학교에서 안 보이던데, 여기는 어떻게 왔어?"

"네가 어제 성경책을 놔두고 갔잖아. 하지만 다 읽지는 못했어. 하루에 읽기에는 양이 너무 많잖아. 헤헤. 그래도 읽을 수 있을 때까지는 읽어 봤어. 어제 네가 희망교회 얘기를 해서 목사님을 찾

아왔어. 목사님에게 듣고 싶은 얘기도 있고 말이지."

정혁이가 말을 끝내자 목사님이 웃으면서 말했어요.

"정혁이 학생이 찾아와서 놀랐지만 한편으로는 너무 기뻐요. 정혁이 학생이 학교 친구들과 선생님 그리고 다른 부모님들께도 진심으로 사과하고 벌을 달게 받겠다고 하는군요. 어린 학생인데 생각이 깊어요. 용태 학생과 효진이 학생이 교회에 왔었다는 얘기를 듣고 정혁이 학생도 꼭 한 번 와 보고 싶었다는군요. 이제 자신의 죄를 뉘우쳤으니 하나님의 구원을 받고 싶다고요."

역시 내가 놔두고 간 성경책의 효과가 컸던 모양이에요. 나도 얼른 성경책을 읽고 싶다는 생각이 들었어요.

"목사님이 그러셨어. 이제부터 성경을 통해 하나님을 믿고 은총을 받자고. 성경을 통해 하나님의 가르침을 공부하고 구원을 얻기 위해 기도하는 사람은 나 자신뿐만 아니라 이웃까지 사랑한다고 말이야. 용태야, 효진아 고마워. 목사님 감사해요."

정혁이는 자리에서 일어나더니 목사님께 머리 숙여 인사했어요. 그리고 나와 효진이의 손을 잡았어요. 아, 얼마 만에 잡아 보는 정혁이의 손이던가요.

'이 손을 먼저 내밀 용기가 없었던 나를 용서해 줘. 정혁아.'

"정혁이 학생이 나에게 너무 고마워하는데 그럴 필요 없어요. 친구를 끔찍이 아끼는 용태 학생과 효진 학생에게 더 고마워해야 할 거예요. 그리고 하나님의 구원을 우리에게 더 가까이 오게 해 준 마르틴 루터에게도 고마워해야겠죠."

"아, 마르틴 루터."

종교개혁을 했고, 중간자를 통해 내 죄를 용서받는 것이 아니라 나와 하나님을 바로 연결하게 한 그 분. 하나님에 대한 절대적인 신뢰가 내 죄를 없애는 데 가장 좋은 방법인지는 아직까지 잘 모르겠어요. 그래서 나는 목사님에게 물었어요.

"그런데 목사님, 마르틴 루터가 말하는 구원은 하나님이 모든 은총을 베풀어 주는 것처럼 들려요. 그럼 인간이 스스로를 구원할 수 있는 방법은 없는 건가요?"

"구원이 어디에서 나오느냐에 따라 의견이 갈라지기는 해요. 에라스무스라는 사람은 인간의 '자유의지'를 통해서 용서를 능동적으로 구할 수 있다고 했어요. 하지만 마르틴 루터는 '노예의지'라는 개념을 바탕으로 인간의 능동적 구원 능력을 경계하는 대신 하나님의 은총을 강조했어요. 에라스무스의 의견을 '인문주의'라고 하고, 루터의 의견을 '복음주의'라고 하지요. 그렇다고 전혀 노력도 하지 않고 하나님의 은총만 기다려서는 안 돼요. 개인적인 노력도 뒤따라야 하기 때문에 루터는 교육을 강조했죠. 그런데 그 교육은 성서에 대한 교육을 의미하게 때문에 루터는 성서를 누구나 이해하기 쉽도록 편찬하는 번역 작업을 했어요."

"아, 그렇구나."

효진이는 고개를 끄덕이면서 말했어요.

"그런데 정혁아, 아까 교무실에서 어떻게 한 거야? 내일부터 학교에 다시 나올 수 있는 거야?"

"아니."

정혁이는 고개를 절레절레 흔들었어요.

"학교에서 내가 받아야 할 벌은 아직 남아 있어."

"한 달간 화장실 청소라도 하래?"

"나 다른 학교로 전학 가."

"뭐라고?"

정혁이의 말에 효진이와 나는 너무 놀라서 동시에 말했어요. 전학이라니! 말도 안 돼요. 이제 막 우리 사이의 벽을 허물었는데, 허물어진 벽의 잔재들을 다 치우기도 전에 정혁이가 간다니! 나는 금방 시무룩한 표정을 지었어요. 정혁이도 기분이 좋지 않은지

씁쓸한 표정을 지었어요.

"괜찮아. 그나마 가벼운 벌을 받은 거라고 생각해. 내가 상처 준 친구들 모두에게 용서를 받은 건 아니지만 차차 성경도 읽고 교회도 다니면서 용서를 빌 거야. 걱정하지 마. 멀리 있는 학교로 가지는 않을 테니까."

어느새 효진이의 눈가에는 눈물이 그렁그렁 맺혔어요. 효진이는 떨리는 목소리로 말했어요.

"그래도…… 이제 겨우 다시 예전으로 돌아간 것 같은데 네가 가면 우리 삼총사는 어떻게 하니?"

"괜찮대도 그러네. 우리 이제 주말마다 희망교회에서 만날 수 있잖아. 항상 여기에서 보기로 하자. 목사님도 주말마다 뵐 수 있고 좋잖아. 같이 성경 공부도 하고 이야기도 하고 얼굴도 보고. 벌써 일석 몇 조냐? 난 생각만 해도 기뻐."

정혁이의 큰 어깨가 들썩였어요. 정말 기뻐서 저러는 걸까요? 앞으로도 정혁이를 계속 볼 수 있는 것은 좋지만 학교를 마치면 같이 놀고 학원도 함께 다니면서 더 가깝게 지내고 싶었어요. 나는 계속 시무룩한 표정을 지었어요. 정혁이가 어깨동무를 하면서 씩씩하게 말했어요.

"용태야, 우리 너무 서운하게 생각하지 말자. 난 너에게 너무 미안하고 또 고마워. 사실 미안한 마음이 더 커. 아직 난 너한테도 그렇고 다른 친구들한테도 그렇고, 용서를 받으려면 시간이 더 필요해. 그러니까 내가 전학 가게 된 거 이해해 줘."

"으응."

나는 입술을 꽉 깨물면서 말했어요. 눈물이 나오려고 했지만 정혁이에게 우는 모습을 보이고 싶지 않았어요.

우리는 목사님에게 인사를 하고 밖으로 나왔어요. 교회에 들어갈 때보다 더 차가운 밤바람이 불었어요. 하지만 우리는 전혀 춥지 않았어요. 정혁이와 효진이 그리고 나 이렇게 우리 셋은 똘똘 뭉쳐 있으니까요.

'내 친구 정혁아. 다른 학교에 가서도 기죽지 말고, 너의 본모습을 보여 줘. 씩씩하고 정의롭고 따뜻한 네 마음을 말이야.'

교육개혁자 루터

　루터는 그를 따르는 제자들에게 의무적으로 성경을 읽도록 하였습니다. 이로써 모든 사람이 교육의 중요성을 인식할 수 있도록 했으며, 나이가 어린 학생들이 일찌감치 성경 연구를 위한 준비를 하도록 도왔습니다.

　루터의 '만인 사제설'은 교육의 개념을 바꾸었습니다.

　성당학교와 수도원은 성직자 양성을 목표로 교육했습니다. 그러나 루터는 교회뿐만 아니라 국가와 사회 역시 하나님을 섬기기 위한 교육이 필요하다고 했습니다. 또한 모든 교육을 성직자가 교육을 책임지는 것은 잘못된 방식이라고도 주장했습니다. 교육은 우선 하나님이 부모에게 지워 준 책임이며, 다음으로 교회가 주선하는 교사의 책임이라고 말했습니다.

　루터는 보편적이고 의무적인 교육의 중요성을 강조했습니다. 그의 주장은 공교육의 시작을 의미합니다. 또한 루터는 다양한 분야의 교육에 대한 이해를 강조했습니다. 전에는 주로 읽기, 쓰기, 기독교학을 공부했으나 루터는 모국어와 소교리 문답서를 충분히 익힌 다음에 성경 언어, 외국어, 문법, 수사학, 논리, 문학, 시, 역사, 음악, 수학, 체육, 심지어 자연 과학까지 교과 과정에 넣을 것을 주장했습니다.

그는 또한 아이들을 가르치는 자세에 대해서도 언급했습니다. 아이들을 이해하고 사랑하며 같이 일해야 한다고 말입니다.

한편 루터는 교사의 지위를 높임으로써 근대 교육의 발전에 기여했습니다. 루터 본인도 설교의 임무를 그만둔다면 학교 교사가 되고 싶을 것이라고 하며 교육에 대한 각별한 관심을 보였습니다.

루터는 교육에 관한 많은 저서를 남겼으며 교육에 대해 질문하는 많은 사람들과 서신을 주고받으면서 자신의 교육 이념을 퍼뜨렸습니다.

루터는 체벌에 대해서 그 자체를 금지하지 않았습니다. 다만 교사는 학생의 게으름과 능력 부족의 차이를 구별할 줄 알아야 한다고 했습니다. 그는 교사의 교육 방법은 학생의 수준에 맞게 이루어져 아이들이 '즐겁고 쾌활하게' 배울 수 있어야 한다고 주장했습니다. 루터는 교육

의 목표로 하나님에 대한 신뢰와 경외를 배우는 것, 이웃과 사회 · 국가를 섬기는 것, 인성 계발, 기도의 생활화를 꼽았습니다.

알고 보면 실제 루터는 개혁자가 아닌 순응자

우리는 루터에게 '종교개혁자'라는 칭호를 붙입니다. 그러나 루터 자신은 스스로를 '개혁자'라고 생각하지 않았습니다. 종교개혁은 본인의 의지가 아니라 하나님에 이끌려서 할 수 없이 한 일이라고 생각했기 때문입니다. 루터는 종교개혁이 면벌부 논쟁의 처음부터 끝까지가 자신의 의지라던가 개인의 야망에 의해 이뤄진 개혁이 아니라고 했습니다. 루터는 자신을 하나님의 도구로 보았습니다. 하나님에 의해 이곳저곳에 사용되는 도구라고 했습니다.

루터는 "하나님이 그것을 하신다"라고 하였습니다. 면벌부 논쟁으로부터 시작하여 새로운 사건이 일어날 때마다 그는 말했습니다.

"나는 이 일에 하나님에 의해 끌려왔소, 처음부터 마지막까지 나는 그 사건에 집어던져진 것이요."

구원의 근거를 찾아서

구원의 근거로 나누어지는 두 가지 입장 중 하나는 에라스무스로 대표되는 고전에 근거한 '인문주의'이고, 다른 하나가 루터로 대표되는 성서에 근거한 '복음주의'입니다.

인문주의는 인간이 가진 '자유의지'를 통해서 죄의 용서를 능동적으로 구할 수 있다고 보는 반면에, 루터의 복음주의는 '노예의지'라는 개념을 말할 정도로 인간의 능동적 구원 능력을 경계하고 신의 은총을 강조합니다.

따라서 자유의지를 바탕으로 하는 인문주의는 폭넓은 교양과 교육을 통해서 스스로 구원을 얻는 입장이지만, 루터의 복음주의는 신의 절대 은총에 의하여 구원을 받는 셈입니다. 루터는 복음주의가 스콜라철학처럼 보편적 구원이 아니라 개인의 개별적 구원이므로 노력이 뒤따라야 한다는 점을 강조합니다. 그렇기 때문에 성서에 대한 교육을 중요시합니다. 그래서 루터는 성서를 누구나 이해하기 쉽도록 펴내는 성서 번역 작업을 해 나갔습니다.

에필로그

"두껍아 두껍아~ 헌집 줄게 새집 다오~ 두껍아 두껍아 헌집 줄게 새집 다오~."

넓은 놀이터에서 나는 정혁이, 효진이와 앉아서 흙더미를 두드리고 있었어요. 무엇이 그렇게 흥겨운지 노래까지 부르면서 톡톡 흙을 두드렸어요.

"이야! 다 됐다."

효진이는 두꺼비 집을 다 완성해 놓고 손을 살짝 빼려고 했어요. 그런데 갑자기 두꺼비 집에 와르르 무너지고 효진이의 손등 위로 흙더미가 덮혔어요.

"아악! 내 두꺼비집!"

효진이는 입을 삐쭉 내밀고서 중얼거렸어요.

"치, 뭐야 이게. 우리가 일곱 살 꼬마도 아니고 놀이터에서 왜 이런 걸 하고 있어? 저기 꼬마 애들이 우리를 뭘로 보겠냐? 이 나이에 놀이터에서 이렇게 놀아야겠어? 우리 뭐 딴 거 없을까?"

"으악, 너 이게 무슨 짓이야?"

효진이는 곰살맞은 표정을 지으며 정혁이의 두꺼비집을 살짝 건드렸어요. 정혁이의 두꺼비집은 바로 우르르 무너졌죠. 정혁이의 손등 위에도 흙이 덮였어요. 정혁이는 잔뜩 인상을 찌푸린 채 효진이를 째려보았어요.

"째려보면 어쩔 거냐? 헤헤."

효진이는 계속 장난기 어린 미소를 지었어요. 그러더니 정혁이 두꺼비집에 이어 나의 두꺼비집에까지 손을 댔어요.

"효진이 너 왜 그래!"

효진이를 말리려고 했지만 벌써 효진이의 손은 내가 만든 두꺼비집 위로 올라가 있었어요. 효진이는 내가 만든 두꺼비집을 툭 건드렸지만 이상하게 무너지지 않았어요. 나의 두꺼비집은 굉장히 단단해 보였어요. 나와 효진이, 정혁이 모두 놀란 표정으로 튼튼한 두꺼비집을 쳐다보았어요.

"꽤 튼튼하게 지었는데?"

정혁이가 씨익 웃으면서 말했어요.

"맞아. 어떻게 이렇게 튼튼할 수가 있지?"

효진이도 내가 만든 두꺼비집을 보면서 감탄했어요. 나는 으스대면서 말했어요.

"캬! 역시 내 두꺼비집이 제일 튼튼하다니까. 정혁이 두꺼비, 효진이 두꺼비. 전부 다 우리 집에 와서 살라고 할 테니까 걱정마. 헤헤."

"흥. 웃기셔!"

효진이는 콧방귀를 뀌었어요. 그 모습은 영락없는 일곱 살 꼬마 아이였어요. 나는 전에 꾸었던 악몽이 떠올랐어요. 그때는 정혁이가 내 목을 짓눌렀지만 이제는 그럴 일이 없어요. 다시는 그런 악몽을 꿀 일이 없을 테니까요.

"야, 벌써 열두 시야. 빨리 가자. 늦겠어."

손에 묻은 흙을 털던 정혁이가 시계를 보고서 화들짝 놀라 말했어요. 아, 벌써 열두 시. 이러다 늦겠어요. 오늘은 우리 셋이 함께 교회를 가는 날이에요.

이렇게 주말에 다 같이 모일 수 있는 것도 즐겁고 교회에 가서 목사님에게 성경의 가르침을 배우는 것도 즐거워요. 특히 정혁이는 교회를 다니면서 성격이 많이 바뀌었어요. 아니, 정확하게 말하면 본래의 모습으로 돌아온 거예요.

정혁이가 전학 간 첫날, 소문이 금세 학교에 돌았는지 아이들이 슬금슬금 정혁이를 피했다고 해요. 심지어 학부모가 항의 전화를 했을 정도였대요.

하지만 한 달이 지난 지금 정혁이는 새 학교에서 일등 모범 학생이 되었어요.

"야, 같이 가."

내 앞으로 효진이와 정혁이가 달리기 시합이라도 하듯이 뛰어가고 있었어요. 이제 나는 정혁이, 효진이와 함께 뛰고 같이 어깨동무를 하면서 걸어 나갈 거예요.

통합형 논술
활용노트

01 (가)와 (나)의 내용을 참고하여 (다)이 박씨가 스스로 목숨을 끊은 이유를 생각해 보고 박씨의 행동을 비판 또는 옹호하시오.

(가) "반장, 선생님이 조용히 하라고 하는 게 한두 번이니? 그리고 그런 금지 조항은 대한민국 헌법에 없을 거야. 그런데 어째서 내가 죄를 저질렀다는 거야?"

"죄라는 기준을 어떻게 나누느냐에 따라 달라지겠지. 지금 여기서 더 시끄럽게 했다가 선생님께 걸리면 넌 벌을 받을 거야. 벌을 받는다는 의미가 뭐겠니? 죄를 저질렀으니 벌을 받는 거야. 꼭 헌법에 적혀 있다고 해서 죄가 되고 안 되고가 결정되는 건 아니야. 넌 떠들어도 우리 반 친구들과 다른 반 친구들에게 양심의 가책을 느끼지 않겠지만 난 양심의 가책을 느끼거든. 이런 경우를 보면 내가 너보다 더 도덕적이라고 할 수 있겠지?"

"뭐, 뭐야! 그럼 난 양심도 없고 도덕적이지 않은 사람이라는 거야?"

"그거야 뭐 법적으로 정해진 게 아니니까 개인의 차이겠지. 예를 들어 버스 노약자석에 네가 앉았는데 할머니가 버스를 타셨어. 넌 피곤했기 때문에 자리를 양보하지 않았지. 그래도 넌 할머니께 미안해하지 않을 거야. 하지만 만약 내가 똑같은 상황이고 자리를 비켜 드리고 싶지만 너무 피곤해서 못 일어났다면, 그럼 난 죄를 지은 것처럼 할머니께 미안해할 거야. 할머니께 자리를 양보하지 못했다고 해서 경찰서에 가는 것도

아닌데 계속 마음은 불편하고, 누군가가 용서해 주길 바라겠지. 하지만 어느 누구도 나를 용서해 줄 사람은 없어. 그런 차이지."

―《루터가 들려주는 죄와 용서 이야기》중

(나) 박은식은 옳은 일을 하더라도 남이 칭찬할 것을 염두에 두지 말아야 하며, 이 일이 어려운가 쉬운가를 헤아리지도 말고, 아무리 어려운 상황에 처하더라도 양지의 판단을 실천에 옮겨야 한다고 주장했어요. 진아는 옳고 그름을 판단할 때 그것이 옳은지 그른지를 기준으로 문제를 판단하지, 결코 어떻게 하는 것이 나에게 유리하며 이익이 되는지를 기준으로 삼지 않거든요. 만약 나한테 이익이 되는지를 미리 염두에 두고 어떤 행위를 한다면 그것은 잘못이지요.

―《박은식이 들려주는 진아 이야기》중

(다) 얼마 전 추락 사고를 냈던 대덕여고 승합차 운전자 박씨(60)가 스스로 목숨을 끊어 사회에 큰 충격을 주고 있다.
지난달 29일 대덕여고 앞 비탈길에서 발생한 승합차 추락 사고로 여고생 3명이 숨지고 21명이 다쳤다. 승합차 운전자 박씨도 부상을 당했다. 경찰에 따르면 박씨는 병원에서 치료를 받으면서 심한 죄책감에 시달렸으며 3일 새벽 5시 17분쯤 병원에서 나왔으나 박씨의 아내가 당일 오전 9시쯤 경찰에 가출 신고를 했다.

또 경찰은 박씨가 입원 중이던 병원 환자 휴게실 휴지통에서 박씨가 신문지에 메모 형식으로 쓴 유서를 발견, 유서에는 "꽃다운 나이에 저세상으로 간 아이들을 돌봐 주십시오. 병상에서 신음하는 아이들을 보살펴 주십시오. 사회에 물의를 일으켜 죄송합니다"라는 내용이 담겨 있는 것으로 전해졌다.

현재, 대덕여고 학생들은 친구를 잃은 아픔에서 헤어 나오기도 전에 운전기사의 죽음으로 더욱 안타까워하고 있다.

— ○○신문, 2008년 11월 5일자 중

02 다음 제시문을 읽고 물음에 답하시오.

(가) 새로운 교회를 출현시킨 종교개혁

중세 말부터 일부 종교 지도자들은 가톨릭교회의 부패와 성직자들의 타락, 그리고 형식적인 신앙을 비판하였다. 르네상스 시기에 들어와 알프스 이북 지역의 인문주의자들도 로마 가톨릭교회가 성서의 근본 정신에 어긋나는 일을 하고 있다고 비판하였다.

로마 교황이 성 베드로 성당의 수리 비용을 마련하기 위해 독일에서 면벌부를 판매하도록 하자, 1517년 독일의 신학자인 루터가 이를 비난하는 글을 발표하였는데 여기서 종교개혁이 시작되었다.

그는 '인간은 돈을 주고 면벌부를 산다고 해서 구원받는 것이 아니라 오로지 진실된 믿음과 신의 은총에 의해서만 구원받을 수 있다'고 주장하였다. 또, 참다운 신앙 생활은 교회의 형식에 의해서가 아니라 개인의 마음속에서 우러나오는 것이므로 이러한 신앙을 위해 필요한 것은 오로지 성서밖에 없으며, 진실된 믿음을 가진 사람은 신 앞에서 모두 동등하다고 설교하였다.

로마 교황청의 간섭에 불만이 많았던 독일의 많은 제후들과 경건한 마음으로 신앙 생활을 하던 농민들은 루터의 주장을 지지하였다.

— 중학교 2, 《사회》중

(나) 어느 누구도 정혁이에게서 진심 어린 사과를 받아야 한다는 말은 없었어요. 물론 나도 목사님과 이야기를 나누기 전까지는 정혁이를 용서할 생각을 하지 못했어요. 왜 모두들 어떻게 벌을 주어야 하는지만 생각하고 용서를 하려고 하지 않았을까요?

"목사님…… 저는, 저는 정혁이를……."

목사님은 내 어깨를 토닥였어요. 내 어깨는 살며시 떨리고 있었고, 효진이는 어리둥절한 표정으로 쳐다보았어요.

목사님은 나지막이 말씀하셨어요.

"용태 학생이 정혁이를 용서하는 일도, 정혁이가 사람들에게 용서를 구하는 일에도 용태 학생의 도움이 필요할 것 같아요. 하나님에게 용서를 구하세요. 정혁이 학생도 하나님에게 용서를 구할 수 있도록 용태 학생이 이끌어 주세요. 용태 학생이 스스로 만든 죄가 있다면 하나님의 구원을 받고, 정혁이 학생도 하나님의 은총을 받을 수 있도록 용태 학생이 도와줘요. 하나님이 우리를 구원해 준다는 믿음만 있다면 하나님은 우리에게 은총을 내려 주실 거예요."

—《루터가 들려주는 죄와 용서 이야기》중

(다) 마르크스가 보기에 종교는 인간이 스스로 자신의 삶에 대해서 불안감을 느끼기 때문에 만들어낸 허상에 불과합니다. 물론 신 또한 마찬가지고요.

그런데 어처구니없는 사실은 바로 우리 인간들이 만들어낸 신을 우리가 주인으로 떠받들고 섬긴다는 것이지요. 분명 우리 인간들은 삶의 불

안을 덜기 위해서 신을 만들었으며, 신의 주인은 우리 인간임에도 불구하고 인간은 스스로 신의 노예가 되려고 합니다. 심지어는 신을 위해서 목숨을 바치기도 하고 신을 위해서 전쟁을 일으키기도 합니다. 마르크스가 보기에는 이것보다 더 어처구니없는 일은 없습니다. 인간들은 우리를 구원할 수 있는 존재로서 신을 만들었습니다. 그리고 신이 언젠가는 우리를 구원해 줄 것이라고 믿습니다. 마치 아브라함처럼 신은 절대적으로 옳으며 항상 정의롭다는 것을 굳게 믿습니다. 마르크스는 이렇게 묻습니다.

"신이 과연 우리 인류를 구원해 줄 수 있을까? 정의롭지 못한 세상과 타락, 그리고 전쟁의 공포와 살인 등으로부터."

마르크스가 보기에 그것은 아주 어리석은 생각일 뿐입니다.

—《마르크스가 들려주는 자본론 이야기》중

1. 여러분이 큰 죄를 지었다고 가정해 봅시다. 그러고서 제시문(가)와 제시문(나)를 읽고 가톨릭교회와 루터가 각각 여러분의 죄를 어떻게 다스릴지 설명해 보시오.

2. 제시문(가)에서 설명하고 있는 루터의 신에 대한 믿음과 제시문(나)에서 설명하고 있는 목사님의 말씀은 제시문(다)에서 마르크스가 생각하는 신에 대한 믿음과 어떤 차이가 있는지 설명해 보시오.

통합형 논술
문제풀이

01 (가)와 (나)에 의하면 도덕성의 기준은 법이나 제도에 있는 것이 아니라 자신의 마음 안에 있음을 알 수 있습니다. 옳고 그름의 문제는 그 행동의 결과가 어떠하냐와 관계없이 마음속의 양심이 판단합니다. 양심은 우리가 자신의 의지로 옳은 일을 하도록 이끌어 주는 등불과 같습니다. 이러한 양심 때문에 우린 옳은 일을 했을 때 뿌듯함을 느끼고 잘못을 저질렀을 때 죄책감을 느낍니다.

(다)의 박씨가 목숨을 끊은 이유는 양심에 어긋나는 행동을 해서가 아닙니다. 박씨가 추락 사고를 낸 것은 박씨의 실수이지, 박씨가 의도적으로 잘못한 게 아니기 때문입니다. 하지만 박씨는 실수 또한 자신의 잘못이라고 생각했습니다. 학생들의 안전을 책임지는 운전자의 임무를 소홀히 했기 때문에 추락 사고가 났고, 그 때문에 사상자가 났다고 말입니다. 그래서 그 죄책감을 이기지 못해 스스로 목숨을 끊었습니다.

박씨는 양심적인 사람일까요? 물론 그럴 것입니다. 박씨는 자신이 잘못했다고 생각해서 죄책감에 괴로워했습니다. 자신의 잘못에 대해 죄책감을 느끼는 것은 바로 양심 때문입니다. 하지만 스스로 목숨을 끊는 것은 양심의 소리가 아닙니다. 자살은 죄의식으로 인한 고통에서 벗어나기 위한 결정입니다. 즉, 자신의 마음이 편안해지기 위한 것이지요. 그것은 양심이 아닌 자신의 이익을 위해 한 행동입니다. 따라서 박씨의 행동은 양심적인 측면과 비양심적인 측면, 두 가지로 해석할 수 있습니다.

02 1. 가톨릭에는 고해성사라는 것이 있습니다. 죄를 지었으면 그 죄를 신부님에게 고백하고 신부님은 하나님을 대신하여 죄를 지은 사람을 용서해 줍니다. 여기에서 신부님은 죄를 지은 나와 죄를 용서해 주는 하나님 사이의 중개자 역할을 합니다. 하지만 루터 교회는 중개자 없이 자신이 직접 하나님과 연결할 수 있으며 죄를 지었을 때도 하나님에 대한 기도와 성서를 읽으면서 구원을 받을 수 있다고 하였습니다. 가톨릭은 신부님이 하나님의 중개자 역할을 하다 보니 신앙생

활에서 신부님의 권력이 점점 커져 오히려 종교의 폐단을 낳았습니다. 면벌부를 만들어 돈을 받고 신의 구원을 팔기까지 했습니다. 내가 만약 죄를 지었다면 가톨릭에서는 면벌부를 사도록 강요하거나 신부님에게 고해성사를 한 후 기도를 계속하고 선행을 하도록 합니다. 반면 루터 교회에서는 성서 공부를 하면서 하나님의 말씀을 깨닫고 기도를 통해 하나님에게 참다운 신앙생활을 하면 하나님이 은총을 내려 준다고 합니다.

2. 제시문(가)와 제시문(나)를 종합하여 볼 때 루터는 성서를 통해 신을 절실히 믿으면 구원을 받을 수 있다고 합니다. 그러나 제시문(다)에 나타난 마르크스의 입장을 살펴보면 마르크스는 신 존재 자체를 부정하기 때문에 신이 인간의 죄를 구원해 주는 일은 있을 수 없다고 봅니다. 마르크스는 인간의 나약함 때문에 신을 만들었으며, 인간은 자신이 스스로 만든 신 때문에 목숨을 버리기도 하고 재산을 탕진하기도 하는 어리석은 짓을 한다고 주장했습니다.

루터는 처음부터 하나님을 믿고 수도원을 나왔으며, 신학 교수까지 하였으나 마르크스는 실재하는 것을 근본적인 것으로 보았기 때문에 실재하지 않는 신의 존재를 부정하였습니다.